W0323601

Rainer Haak

Zum Glück geht's geradeaus

Rainer Haak

Zum Glück geht's geradeaus

101-mal Ja zum Leben

Fotografien von Tina und Horst Herzig

Herder Freiburg · Basel · Wien

Jemand hat an Sie gedacht und Ihnen dieses Glücksbuch geschenkt. Oder Sie haben es sich selbst gegönnt. Vielleicht hat Sie schon der Titel neugierig gemacht: Zum Glück geht's geradeaus. Geradeaus?
Ich weiß, ich weiß: Manchmal kommen wir auch auf Umwegen zum Glück. Das kann es geben, zum Glück! Aber wer von vornherein die Umwege mit einplant, wird sein Ziel bald aus den Augen verlieren und sich irgendwo im Dickicht des Lebens verlaufen.
Wir alle wollen glücklich sein. Doch wir schieben das Glück oft beiseite und wählen einen anderen Weg. Welchen Weg? Das müssen Sie für sich selbst herausfinden – vielleicht laufen Sie vor Ihren Problemen weg, möglicherweise haben Sie nur Ihre Arbeit im Blick oder sind in Ihren Sorgen gefangen.
Ich möchte Sie gern einladen, mit mir den geraden Weg zum Glück und zu einem erfüllten Leben zu entdecken. Die 101 Lebenssätze sind für mich die Summe von vielen Jahren Glückssuche, von Tausenden von intensiven Gesprächen und vielen Vorträgen und Seminaren, die ich gehalten habe.
Vielleicht suchen Sie sich aus den 101 Texten Ihre Lieblingssätze, Ihre persönlichen Glücksworte heraus. Aber beachten Sie: Gerade die Worte, die Sie überblättern oder schnell abtun, sind vielleicht die Schlüsselworte für Ihr Leben.
Es gibt keinen Menschen, der immer glücklich ist. Aber ab und zu und dann immer öfter glücklich sein – das ist möglich. Schön, dass Sie sich auf den Weg machen wollen! Wichtig ist jedoch, dass Sie Ihren persönlichen Weg finden und ihn konsequent gehen. Viel Glück dabei!

Ihr Rainer Haak

1

Ich schiebe die Verantwortung für mein Glück nicht auf andere.

Ich kann vieles für mein Unglück verantwortlich machen, zum Beispiel eine schwere Kindheit oder eine autoritäre Lehrerin, meine schlechte Gesundheit oder Mobbing am Arbeitsplatz. Ich kann über meinen lieblosen Partner klagen, über Behördenwillkür oder „falsche" politische Entscheidungen. Ich kann mich über rücksichtslose Nachbarn beschweren oder über das grausame Schicksal.

Wenn ich das tue, habe ich damit die Verantwortung für mein Glück aus den Händen gegeben. Das gilt auch, wenn ich erwarte, durch einen bestimmten Menschen oder einen Traumurlaub auf einer romantischen Südseeinsel glücklich zu werden.

Es gibt nur einen einzigen Menschen, der für mein Glück verantwortlich ist, und nur einen, der mich glücklich machen kann: Das bin ich. Zu dieser Verantwortung will ich stehen und uneingeschränkt ja sagen.

Ab heute, so verspreche ich mir, werde ich alles dafür tun, dass ich glücklich bin.

Ich will mir nie ein Urteil bilden, ohne die andere Seite zu kennen.

Es fängt in der eigenen Familie an: „Was, unsere Schwester kümmert sich überhaupt nicht mehr um Mutter? Nicht einmal zu einem kurzen Telefonanruf ist sie bereit? Das ist ja eine Riesenschweinerei!" Doch aus dem Mund der Schwester hört sich die Sache dann völlig anders an: „Mutter hat gesagt, solange ich mit diesem Mann zusammenlebe, bin ich für sie gestorben!" Und es hört in der großen Politik noch lange nicht auf: Ich bilde mir eine Meinung, obwohl meine Informationen äußerst einseitig sind. Ich bin entsetzt und entrüstet, obwohl ich nur den Kläger gehört habe und nicht den Betroffenen.

Nun ja, Informationen sind meistens sehr einseitig. Und Meinungen erst recht! Wenn ich nicht versuche, mich umfassend zu informieren, bin ich manipulierbar. Die anderen haben leichtes Spiel mit mir.

Ich werde nach dem Grundsatz leben: Jede Sache hat zwei Seiten – mindestens! Und bevor ich die nicht kenne, werde ich kein Urteil mehr fällen.

Ich kapituliere nicht vor meiner schlechten Laune.

3

Jeder hat mal schlechte Laune. Es ist völlig normal, manchmal nicht gut drauf zu sein. Aber schlechte Laune hat nichts zu tun mit Entspannung, Ausruhen und damit, neue Kraft zu schöpfen. Schlechte Laune, vor allem dann, wenn sie länger anhält, ist anstrengend und höchst destruktiv. Sie ist immer gegen das Leben gerichtet, gegen mich selbst und meine Mitmenschen.

Schlechte Laune hat meistens einen Grund. Den will ich herausfinden. Vielleicht bin ich über mich selbst enttäuscht, weil ich einen dummen Fehler gemacht habe. Vielleicht habe ich ein quälendes Problem immer vor mir hergeschoben. Vielleicht habe ich zu viel gegessen oder mich zu wenig bewegt.

Ich werde der Sache auf den Grund gehen. Ich werde meinen Fehler korrigieren – und lachen. Ich werde mein Problem lösen – und lachen. Ich werde Sport treiben, gesund essen – und lachen. Und dann werde ich mich nur noch auf eines konzentrieren: auf meine gute Laune!

Ich gebe dem Fernsehprogramm keine Macht über meine Zeit. Wenn sich die Verlierer des Lebens täglich stundenlang vor dem Fernseher versammeln, muss ich nicht dabei sein.

Ein durchschnittliches Ehepaar in Mitteleuropa, so haben verschiedene Umfragen ergeben, unterhält sich täglich weniger als zehn Minuten. Sie haben keine Zeit? Der durchschnittliche Fernsehkonsum in Mitteleuropa beträgt über drei Stunden am Tag. Das ist Zeit, die für andere Dinge fehlt.

Immer mehr Menschen leben immer weniger intensiv. Sie schauen vielmehr vor dem Bildschirm zu, wie andere ihnen Leben vorspielen. Sie unterhalten sich nur noch selten, sondern ergötzen sich daran, wie andere sich unterhalten. Sie nehmen kaum noch Herausforderungen an, sondern konsumieren Filme, in denen andere ein Risiko eingehen und spannende Abenteuer erleben.

Je häufiger und länger ich unkritisch vor dem Fernseher „hängen bleibe“, umso seltener werde ich das Glück erfahren, mein Leben aktiv und selbstbewusst zu gestalten.

Meine Antwort ist eindeutig: Was das durchschnittliche Ehepaar macht, ist mir egal. Ich lebe selbst!

5

Ich trenne mich von unnötigen Lasten. Zu viel Gepäck erschwert die Wanderung.

Das ist sicher: Ich habe nicht zu wenig, ich habe viel zu viel. Meine überzähligen Pfunde schleppe ich mühsam mit mir herum. Unnötige Verpflichtungen belasten mich täglich und stehlen mir kostbare Zeit. Meinen Besitz kann ich nur selten genießen, aber ich muss ihn ständig pflegen, warten, sichern, versichern, verstauen, ordnen, abstauben, zählen. Die Schränke sind voll gestopft. Meine inneren Verletzungen machen mir das Leben schwer. Und meine großen und kleinen Sorgen nehmen mir manchmal die Luft zum Atmen.

Ich will mir Gutes tun und mich von unnötigen Lasten befreien. Ich will alles, aber auch wirklich alles, konsequent auf den Prüfstand stellen. Ich will abspecken in vielen Bereichen. Und ich bin absolut sicher, dass ich dabei nicht verliere, sondern nur gewinne.

Was mache ich mit meiner neu gewonnenen Freiheit und Leichtigkeit? Ich werde leben – endlich leben!

Ich will meine Entscheidungen fällen, wenn sie reif sind, statt zu warten, bis sie verfaulen.

Vieles im Leben muss ich sofort entscheiden: Was antworte ich auf diesen Brief? Was esse ich jetzt? Was ziehe ich an? Wann melde ich den Wagen zur Reparatur an? Ohne schnelle Entscheidungen wäre ich nicht lebensfähig. Die offenen Entscheidungen würden sich bald überall stapeln und mich anstarren.
Manche Entscheidungen brauchen Zeit: Will ich mit diesem Menschen zusammenbleiben? Soll ich meine Arbeitsstelle wechseln? Wie will ich meinen nächsten Urlaub verbringen? Müsste ich ihm nicht einmal deutlich die Meinung sagen? Will ich in eine kleinere oder größere Wohnung ziehen?
Die Gefahr ist, dass ich mir mit meiner Entscheidung zu viel Zeit lasse. Denn irgendwann ist es zu spät – dann entscheide nicht mehr ich, sondern die anderen oder die Umstände. Und keine Entscheidung ist meistens die allerschlechteste Entscheidung.
Ich will meine Entscheidungen rechtzeitig fällen, auch wenn ich mich dabei einmal falsch entscheiden sollte. Auf jeden Fall habe ich die Verantwortung für mein Leben übernommen.

Ich glaube an Gott, egal wie ich zur Kirche stehe.

Es mag viele Gründe geben, die Kirche zu kritisieren. Sie ist zu konservativ oder viel zu modern. Sie spricht zu viel vom Himmel oder ist nur am Diesseits interessiert. Sie mischt sich zu sehr ins politische Tagesgeschehen ein oder beschränkt sich auf Hilfen zur persönlichen Frömmigkeit.

Für viele ist ihre Kritik an der Kirche Grund genug, damit auch den Glauben an Gott abzuhaken. Und damit ist die Sache dann erledigt!

Ist sie das wirklich? Ich frage mich: Würde mir etwas fehlen – ohne Gott? Was bedeutet mir der Glaube? Ich denke, für mich hat Gott etwas zu tun mit Vertrauen ins Leben, vielleicht mit einer Art Urvertrauen. Und die Vorstellung von einem Leben in Würde verbinde ich irgendwie mit dem Gott, der jeden Menschen erschaffen hat und ihn bei seinem Namen ruft. Die Welt ohne einen liebevollen Gott würde mir kalt und ohne Sinn vorkommen.

Woran ich glauben möchte? An die Liebe, an das Leben – an Gott. Und ich wünschte, dass die Kirche mir dabei hilft.

Ich will nicht herausfinden, was wichtig ist im Leben. Ich will erkennen, was für mich wichtig ist.

Wir Menschen sind äußerst verschieden. Und das ist gut so und sehr spannend. Schwierig wird es immer dann, wenn ein „verschiedener" Mensch einem anderen „verschiedenen" Menschen etwas überstülpen will. Da höre ich heute einen Ratschlag wie „Bleib zu Hause und nähre dich redlich!" und morgen „Du musst die Welt kennen lernen!" Einer sagt mir „Mach dein Glück mit Aktien!" und der andere „Das Glück findest du nur in der Einsamkeit!"

Ich will gern zuhören, wenn mir interessante Menschen etwas aus ihrem Leben berichten. Aber ich will keine ungefragten Ratschläge! Ich will auch nicht wissen, was „man" tut oder was „man" glaubt. Ich will keinen Trends folgen und erst recht nicht der Mehrheit.

Ich will mich selbst kennen lernen. Ich will leben und suchen und fragen und träumen. Ich will den Weg finden, den nur ganz allein ich gehen kann. Die guten Ratschläge gehen in Zukunft „zurück an den Absender".

**Ich will meinen Wert nicht davon abhängig machen, wie erfolgreich ich bin.
Ich finde ihn nicht an der Börse verzeichnet, sondern im Buch des Lebens.**

Nach der Veranstaltung kam sie zum Redner, der soeben sehr eindringlich über die Bedeutung eines gesunden Selbstwertgefühls gesprochen hatte. Sie hatte große traurige Augen. Stockend begann sie zu erzählen: „Ich sehe es noch so deutlich, als wäre es gestern gewesen. Ich war damals ein kleines Mädchen. Meine Mutter hatte sich über mich geärgert und sagte mir drohend: Mama hat dich erst wieder lieb, wenn du brav bist." Dieses Erlebnis hat sich ihr tief eingebrannt, obwohl es viele Jahre zurückliegt und die Mutter heute schon nicht mehr lebt.

Von Kindheit an haben wir gelernt, dass unser Wert abhängig ist von gutem Benehmen, guten Zensuren, guten Leistungen, von gutem Aussehen und guten Beziehungen.

Ich will mich und meine Mitmenschen mit anderen Augen sehen: Jeder Mensch ist kostbar und liebenswert. Jeder Mensch ist von einem guten Gott in Liebe erschaffen. Und jeder Mensch trägt zahllose gute Möglichkeiten in sich, die es zu entdecken gilt.

Ich gebe nicht mehr Geld aus, als ich zur Verfügung habe. Geldsorgen können schlimmer sein als Liebeskummer.

Manchmal muss ich alles auf eine Karte setzen – auch finanziell. Manchmal muss ich Opfer bringen, um ein wichtiges Ziel zu erreichen. Manchmal muss ich viel investieren, um gewinnen zu können. Und das kann auch schief gehen.

Geldsorgen haben die meisten Menschen aus anderen Gründen. Sie haben ihr Geld verschwendet! Sie haben ihren Lebensstandard immer weiter gesteigert. Sie haben sich selbst mit teuren Geschenken überhäuft. Sie haben sich „etwas gegönnt". Sie sind auf die Werbebilder „glücklicher" Menschen hereingefallen. Sie haben Leben mit Geld verwechselt. Sie wollten sich Liebe kaufen und beachtet werden.

Doch das Gegenteil war der Fall. Sie fanden keine Liebe durch das Geld und verloren ihre Selbstachtung. Sie arbeiteten schließlich hauptsächlich „für" ihre Schulden – und hatten immer noch den Eindruck, auf nichts verzichten zu können.

Geld oder Leben – natürlich entscheide ich mich für das Leben. Und je bewusster und intensiver ich lebe, umso seltener muss ich mir etwas „gönnen".

bel air
PAINS
Français
Viennois

Ich will mir nichts vormachen und mich nicht selbst belügen, sonst verliere ich mein Gesicht.

11

Statt mir selbst einzugestehen, dass ich unpünktlich bin, schiebe ich die Schuld auf den Verkehr oder einen dringenden Telefonanruf. Statt meine Fähigkeiten realistisch einzuschätzen, gebe ich meinen Kollegen die Schuld dafür, dass ich nicht befördert wurde oder die Aufgaben nicht lösen konnte. Statt die Einladung einfach dankend abzulehnen, winde ich mich und behaupte, gerade an dem Tag leider etwas anderes vorzuhaben.

Wenn ich lüge, dann belüge ich mich selber. Wenn ich mir meine Lügen zurechtlege, glaube ich irgendwann selbst daran. Und je mehr Lügen ich zulasse, umso mehr wird mein Leben zu einem unüberschaubaren Lügengeflecht und schließlich zu einer einzigen Lüge.

Der Wahrheit über mich ins Auge zu blicken, ist oft nicht leicht und tut vielleicht sehr weh. Aber es befreit auch. Und auf Dauer gibt es kein glückliches Leben, das auf Lügen aufgebaut ist.

Ich will den Ärger, den die Wahrheit manchmal mit sich bringt, in Kauf nehmen. Dafür gewinne ich an Selbstachtung und Lebensqualität.

Ich will meine Vergangenheit in Ordnung bringen, bevor ich über die Zukunft rede.

Ich möchte von hier wegziehen, weil ich meine, dann werde ich glücklicher sein und viele meiner Probleme werden sich lösen? Ich schwärme von der Zeit nach meiner Pensionierung, weil dann das Leben richtig beginnt? Ich bin mit meiner Ehe unzufrieden und lasse mich auf eine heimliche Beziehung ein, von der ich mir neues Glück verspreche?

Probleme, die ich nicht löse, werden mich mein Leben lang verfolgen. Verletzungen, die ich nicht heilen lasse, werden mir das Leben für alle Zeiten schwer machen. Und wenn ich ständig vor Krisen flüchte, werde ich nie mehr zur Ruhe kommen.

Was mich belastet, will ich ablegen. Was mich quält, will ich mutig anpacken. Wenn ich innerlich leer bin, will ich wieder Kontakt zu meiner Seele aufnehmen. Wenn es etwas gibt, was ich in Ordnung bringen muss, will ich es tun.

Und erst, wenn ich das alles erledigt habe, denke ich über eine gute, glückliche Zukunft nach!

Ich will aus meinen Fehlern lernen. Dann brauche ich mich nicht mehr über sie zu ärgern.

13

Warum nur, warum? Immer wieder stelle ich mir dieselbe Frage, die mir nicht mehr aus dem Kopf geht: Warum habe ich ihm nicht gleich gesagt, was ich von ihm erwarte? Jetzt hat er sich leider anders entschieden. Warum bin ich auf diesem Feldweg so verrückt gefahren? Jetzt sind die Stoßdämpfer kaputt. Warum habe ich mich nicht besser vorbereitet? Warum habe ich mich gestern nur so gehen lassen? Warum habe ich nicht mehr Sport getrieben? Warum habe ich mir selbst ständig etwas vorgemacht?

Ich will mich nicht mit solchen Fragen quälen. Was passiert ist, ist passiert. Jetzt kann ich nur versuchen, den Schaden zu begrenzen.

Was ich tun will: Ich werde aus jedem Fehler lernen. Ich werde durch jeden Fehler besser werden. Ich werde durch jeden Fehler lebensfähiger werden und an Erfahrung dazugewinnen.

So gesehen werde ich mich vielleicht einmal ehrlich bedanken für alle Fehler, die ich gemacht habe.

Ich will mein Glück suchen, statt mein Unglück zu beweinen.

Woran kann ich unglückliche Menschen erkennen? Daran, dass sie völlig auf ihr Unglück fixiert sind. Sie reden ständig von ihren Enttäuschungen, Problemen, Krankheiten und Misserfolgen. Sie können ihre Sorgen nicht loslassen. Sie sind den ganzen Tag damit beschäftigt, unglücklich zu sein, und haben für nichts anderes mehr Zeit.

Glückliche Menschen dagegen können sich vom Negativen lösen. Es gelingt ihnen, auch in eine andere Richtung zu blicken. Sie versuchen es noch einmal, und plötzlich kommt der lang ersehnte Erfolg. Sie können eine Pause einlegen, wenn besonders viel Arbeit auf sie wartet. Sie können lächeln, wenn sie einen Fehler machen. Sie vergessen ihre Sorgen und genießen den Frühlingstag. Sie haben Augen für die schönen kleinen Dinge, die von den meisten übersehen werden.

Ja, wenn das so ist, dann kann es für mich nur eine Entscheidung geben: Ich will glücklich sein, und zwar schon heute!

Ich will genügend Zeit investieren in die Freundschaft mit Menschen, die mir wichtig sind. Bessere Zinsen gibt es nirgends.

15

Das Leben mancher Menschen ist ein einziges Jagen nach Reichtum und Erfolg. Sie sind bereit, hart zu arbeiten, sich ständig über die neusten Entwicklungen auf den Finanzmärkten zu informieren, sich regelmäßig fortzubilden, wichtige Kontakte zu knüpfen, sich durchzusetzen, zu investieren und auf Freizeit und Familienleben zu verzichten. Sie denken in Renditen, Zinsen und Dividenden.

Sie glauben zu leben, glücklich zu sein, Freunde zu haben, zu lieben – und unterliegen dabei einer gigantischen Selbsttäuschung.

Warum das so ist? Sie haben falsch investiert. Sie sollten besser investieren in Menschen, in Freundschaften und Gefühle, in gute Gespräche und vertrauensvolle Beziehungen. Erst dann werden sie Erfahrungen machen, die ihr Leben wirklich bereichern und positiv verändern. Sie werden erleben, dass es manches gibt, was mit keinem Geld der Welt zu kaufen ist.

Ich liebe meine Kinder nicht, weil sie es „verdient" haben, sondern weil sie meine Liebe brauchen.

Kinder brauchen viel Liebe, um später einmal selbstbewusste, glückliche Erwachsene werden zu können. Sie sind zutiefst darauf angewiesen. Liebesmangel in der Kindheit hinterlässt Spuren, die niemals völlig verschwinden werden.

Kinder, die keine Liebe erfahren, suchen bei sich selbst die Schuld: Sie waren nicht brav genug. Sie haben den Erwartungen der Erwachsenen nicht entsprochen. Sie haben etwas falsch gemacht. Sie sind nicht liebenswert.

Dabei liegt das Problem einzig und allein bei den Erwachsenen: Sie wollen ihre Kinder durch Liebesentzug erziehen. Sie sind mit der Situation überfordert. Sie sind viel zu sehr auf sich selbst konzentriert. Sie schenken teures Spielzeug statt Liebe. Sie sind träge und gedankenlos. Sie leiden selbst unter akutem Liebesmangel.

Ich will meinen Kindern das mitgeben, was sie brauchen, um eines Tages selbständig und lebensfroh sein zu können. Vor allem Liebe!

Die wichtigen Aufgaben schiebe ich nicht auf. Wenn ich hinterherlaufe, habe ich schon verloren.

Wichtige Aufgaben sind oft zugleich sehr unangenehme Aufgaben. Und je undisziplinierter ich gerade bin, umso größer ist die Gefahr, dass ich mir nur angenehme Dinge herauspicke: Ich müsste endlich einen wichtigen Brief beantworten – aber ich lese mich in meiner „Briefkiste" fest und schwelge in Erinnerungen. Ich müsste jemandem eine Absage erteilen – aber erst einmal führe ich einige angenehme Telefongespräche. Ich müsste dringend die Abrechnung erledigen – aber erst einmal probiere ich das neue Computerprogramm aus.

Unangenehme Aufgaben haben die besondere Eigenschaft, dass sie mit jedem Aufschieben unangenehmer werden. Im schlimmsten Fall mag ich irgendwann gar nicht mehr daran denken, habe aber jede Nacht Albträume. Und schließlich gelte ich als völlig unzuverlässig. Ja, ich glaube es sogar selbst. Aufschieben ist etwas für Verlierer. Und darum steht mein Entschluss fest: Was getan werden muss, das tue ich – so schnell wie möglich.

Ich will jeden Tag meines Lebens genießen, als wäre es der letzte. Und ich freue mich, wenn er es doch nicht ist.

Manche Tage vergehen, ohne dass ich richtig gelebt habe. Manche Tage vertrödele, verschlafe oder versäume ich. Ich bin völlig gefesselt von meiner Arbeit, meinen Sorgen und Problemen. Ich langweile mich oder mache mir selbst und meinen Mitmenschen das Leben schwer. Nicht so schlimm, denke ich. Ich habe ja noch unzählige Tage vor mir. Es gibt immer eine neue Chance.

Was bedeutet mir ein Tag? Sehr wenig! Was würde mir ein Tag bedeuten, wenn es der letzte wäre? Alles! Vielleicht hilft mir das auf die Sprünge: Ein Tag! Ein kostbarer, einzigartiger Tag wartet auf mich. Ein besonderer Tag wird mir geschenkt. Ein Tag voller Lebensmöglichkeiten will gelebt werden.

Und wenn es nicht der letzte ist? Dann habe ich morgen noch einen besonderen Tag, ein einzigartiges Geschenk. Und wenn ich eine Zeit lang erfahren habe, wie beglückend ein intensiv gelebter Tag sein kann, brauche ich diesen Trick irgendwann nicht mehr: mein letzter Tag!

Ich nehme mir genügend Zeit und ruhe mich nach jeder Anstrengung aus. Doch ich will niemals bequem werden.

Ich kenne viele Menschen, die ständig beschäftigt sind. Sie haben immer etwas zu tun und sind stets in Eile. Sie halten sich für unersetzlich und sehen selbst die Freizeit noch als Arbeit an.

Auf der anderen Seite gibt es jene, die sich ständig „ausruhen“ müssen. Sie klagen über Stress und bringen kaum etwas zustande. Am liebsten schieben sie unangenehme Arbeit auf und fühlen sich schon dabei völlig überlastet.

Und außerdem kenne ich einige Lebenskünstler, die zwar auch kaum etwas schaffen, aber ihr Leben genießen und den Eindruck erwecken, ständig Urlaub zu haben.

Selten begegnen mir dagegen Menschen, die engagiert ihre Arbeit tun und ihre Aufgaben erledigen und zugleich für den richtigen Ausgleich sorgen, die das Leben genießen, Urlaub machen und sich ausruhen, ohne träge zu werden. Diese Balance zwischen Arbeit und Freizeit, zwischen Geben und Nehmen, zwischen Fabrikschornsteinen und Palmen möchte ich finden.

Ich will meine Probleme lösen, statt Schokolade zu essen.

Es hört sich an wie ein Klischee und ist doch täglich tausendfache Wirklichkeit: Ein Mensch leidet unter Übergewicht – und tröstet sich mit Bergen von Schokolade. Jeder weiß, so wird das Problem nicht gelöst, sondern nur noch größer.

Ich drücke mich davor, mich meinem Problem zu stellen. Ich bin ängstlich oder träge und verbaue mir selbst jede Änderung in meinem Leben. Probleme sind nun einmal unangenehm und schwierig, da laufe ich lieber vor ihnen weg und tröste mich mit Ablenkung – oder mit Schokolade.

Dabei sind Probleme etwas sehr Hilfreiches. Sie sind sozusagen die Verkehrszeichen auf meiner Lebensfahrt. Sie zeigen mir, dass ich vorsichtig sein oder die Richtung ändern muss. Manchmal machen sie mir deutlich, dass ich in eine Sackgasse geraten bin. Probleme sind wunderbar, wenn ich ihre Botschaft entschlüssele und an ihrer Lösung arbeite. Und Probleme gelöst zu haben gibt so ziemlich das beste Lebensgefühl, das ich mir vorstellen kann.

Ich trage meine Mitmenschen nicht auf Händen. Ich helfe ihnen, selbst zu gehen.

21

Ist das Mitleid? Ich beende den Streit meiner Kinder, tröste das eine und ermahne das andere, das ich für schuldig halte. Ich fahre unsere Großmutter zum Arzt, obwohl sie den Weg dorthin noch sehr gut laufen könnte. Ich fülle für eine Bekannte regelmäßig die Überweisungen aus, weil sie damit nicht so gut zurechtkommt.

Ehrlich gesagt ist es oft Ungeduld. Mich stört der Streit der Kinder, und deshalb beende ich ihn. Ich ärgere mich über die Klagen der Großmutter und fahre sie schnell zum Arzt. Wenn ich die Bekannte besuche, liegen die Überweisungsformulare schon bereit, und bevor ich lange erkläre, fülle ich sie schnell aus.

Meinen Mitmenschen tue ich damit keinen Gefallen. Je häufiger ich mich bei meinen Kindern einmische, umso unselbständiger werden sie. Die Großmutter wird irgendwann gar nicht mehr zu Fuß gehen und die Bekannte nie lernen, Überweisungen auszufüllen.

Gutes tue ich, wenn ich anderen helfe, ihr Leben so eigenständig wie möglich zu führen und ihre Fähigkeiten so gut wie möglich zu nutzen.

Ich lege selbst die Spielregeln fest, statt darauf zu warten, dass andere es tun.

Beim ersten Besuch fragte er, ob er rauchen dürfte. Da wir Nichtraucher sind, mögen wir keinen Zigarettenrauch im Haus. Aber wir wollten höflich sein. „Eine Zigarette schadet nichts!" So rauchte er los, und es wurden mehrere. Bei späteren Besuchen fragte er gar nicht mehr. Hinterher stand jedesmal der kalte Qualm im Wohnzimmer. Wir ärgerten uns – und mussten leiden. Hätten wir doch gleich deutlich gemacht, dass dies ein Nichtraucherhaus ist!

Ich will mich nicht ärgern müssen, nur weil ich versäumt habe, rechtzeitig Regeln und Grenzen festzulegen oder deutlich meine Meinung zu sagen. Ich will mich nicht aufregen müssen, weil meine Kollegin meine Abrechnung „korrigiert" oder der Nachbar meinen Parkplatz blockiert. Ich will nicht hilflos zuschauen, wie sich bei meinen Mitmenschen Verhaltensweisen einschleichen, die unsere Beziehung erschweren oder zerstören.

Ich sage vorher, was mir wichtig ist, und warte nicht, bis es zu spät ist.

Wenn anderen Unrecht geschieht, schaue ich nicht weg.

Das Unrecht kann sich in dieser Welt immer dann durchsetzen, wenn wir so tun, als wüssten wir von nichts. Unrecht geschieht, wenn wir wegschauen, schweigen und nichts tun. Unrecht ist auch in unserer Nähe möglich, weil wir Angst haben oder nur mit uns selbst beschäftigt sind, weil wir träge sind oder blind.

Doch warum soll ich etwas tun, wenn andere Unrecht erleiden? Reicht es nicht, wenn ich für mich selbst sorge? Die Antwort ist eindeutig: Wenn ich Unrecht zulasse, werde ich mitschuldig. Für Unrecht, das ich verhindern könnte, bin ich mitverantwortlich.

Aber dies ist noch schlimmer: Wenn ich Unrecht erkenne und trotzdem nichts dagegen unternehme, werde ich mich verändern: Ich werde ein Teil des Unrechts, ein Komplize. Meine Seele verdunkelt sich. Das Leben und das Glück ziehen sich von mir zurück. Mein Unrechtsbewusstsein schwindet. Und irgendwann finde ich nichts mehr dabei, selbst anderen Unrecht zuzufügen.

Wehret den Anfängen! Wenn Unrecht geschieht, will ich nicht schweigen!

Ich will kritisch sein, denn hinter den meisten Informationen stehen handfeste Interessen.

Ob es um die Einrichtung eines Wertpapierkontos bei meiner Bank geht, um eine politische Informationsveranstaltung, die Beratung beim Kauf eines Fernsehgerätes oder um einen Zeitungsartikel über Umweltprobleme – immer sind Interessen im Spiel, die die Informationen beeinflussen. Menschen wollen mich von ihrer Meinung überzeugen, mir etwas verkaufen, sich ins rechte Licht stellen, eine Ideologie verbreiten oder eine Schwäche vertuschen, sie wollen sich durchsetzen oder von sich ablenken, die Nachbarin anschwärzen, sich als Retter aufspielen oder als Schiedsrichter.

Wenn ich weiß, dass die meisten Informationen geschönt, verdreht, gefälscht oder übertrieben sind, kann ich damit gut umgehen. Wenn ich das Spiel durchschaue, erspare ich mir spätere Enttäuschungen.

Und was ist die Wahrheit? In den meisten Fällen werde ich mich der Wahrheit nur langsam annähern, indem ich nachfrage, mich woanders informiere und hartnäckig bleibe. Und auch die „Wahrheit“ hat fast immer mehrere Seiten.

Ich halte meine Verabredungen pünktlich ein, statt die Zeit meiner Mitmenschen zu verschwenden.

Sicher, es kann immer etwas dazwischenkommen: Der Wagen springt nicht an. Der Zug hat große Verspätung. Der Verkehr bricht zusammen. Der Fahrstuhl bleibt stecken. Aber das sind Ausnahmefälle. Wenn ich zu spät komme, stehle ich dem Menschen, den ich besuche, Zeit. Und wenn er es ist, der mich lange warten lässt, stiehlt er meine Zeit.

Das ist nicht schlimm? O doch! Zeit ist ein kostbarer Besitz. Zeit können wir nicht vermehren oder zurückbekommen. Und wenn mir jemand seine Zeit schenkt, sich für mich Zeit frei hält, gehe ich eine besondere Verantwortung ein. Wenn ich zu spät komme, missachte ich diesen Menschen. Und wenn wir die gemeinsame Zeit nicht gut nutzen – weil wir uns nicht richtig vorbereitet haben, weil wir nur reden und nicht zuhören, weil wir nicht ehrlich sind – dann missachten wir uns gegenseitig.

Ich will gut mit meiner Zeit umgehen und mit der Zeit, die andere mir schenken.

PRÊTRE

Ich mache niemanden klein – vor allem nicht meine Kinder und meinen Partner.

Viele, die unter mangelndem Selbstwertgefühl leiden, müssen sich ständig groß und wichtig machen. So gibt es unzählige Besserwisser, Dauerredner und Postenjäger. Aber ihnen allen wird es auf diese Weise nicht gelingen, sich selbst zu akzeptieren.

Richtig schlimm wird es, wenn Menschen sich groß und wichtig machen wollen, indem sie andere klein machen. Sie reden negativ hinter ihrem Rücken, behandeln sie arrogant von oben herab, sie mobben und intrigieren, behindern und treten. Sie machen andere klein und kaputt, obwohl oder gerade weil sie selbst mit sich und dem Leben nicht zurechtkommen.

Je weniger ich von mir selbst überzeugt bin, umso größer ist die Gefahr, die eigenen Kinder und den Partner oder die Partnerin klein zu machen. Gerade jene, die mir völlig vertrauen, von mir abhängig sind oder sich total auf mich eingelassen haben, würden so zu Opfern meiner eigenen Unsicherheit.

Darum will ich ohne Vorbehalte an meinen eigenen Wert glauben – und an den besonderen Wert der Menschen, die mir anvertraut sind.

Ich will nicht an allen unerfüllten Träumen festhalten, sonst ist irgendwann kein Platz mehr für neue.

Manchmal ziehe ich Bilanz in meinem Leben. Und dann stelle ich wieder einmal fest, dass ich „voll“ bin – voll mit Problemen, Sorgen, inneren Verletzungen, Vorurteilen und Zweifeln.

Und ich bin voll von alten Plänen und unerfüllten Träumen: Ich wollte die Welt verbessern. Ich wollte eine ehemalige Nachbarin besuchen. Ich will seit Jahren ein bestimmtes Buch lesen. Ich wollte meinen Garten umgestalten und im Altersheim helfen. Ich wollte ein Gedicht für unser Dorffest schreiben und ein Blockhaus für die Kinder bauen.

Von all diesen Plänen und Träumen habe ich nie richtig Abschied genommen. Insgeheim weiß ich wohl, dass ich das tun sollte. Aber so schleppe ich sie weiter mit und habe keinen Platz für Neues. Ja, ich glaube nicht mehr an Träume! Denn in mir sehe ich nur unerfüllte Träume und nicht ausgeführte Pläne.

Meine Seele hat einen großen Wunsch: Sie will endlich wieder Platz haben für neue Pläne und Träume.

Ich erwarte von meinen Mitmenschen, was sie mir zugesagt haben – mehr nicht.

Ich dachte, du würdest mich gestern besuchen!" „Ja? Wie kommst du darauf?" „Na, du warst doch hier ganz in der Nähe. Da dachte ich, du würdest ..." Je mehr ich von meinen Mitmenschen erwarte, umso eher werde ich enttäuscht sein. Und ich erwarte oft zu viel von ihnen. Ich erwarte, dass sie an mich denken, mich berücksichtigen, mich informieren, mich unterstützen, mich bevorzugen, mich bemerken.

Warum sollten sie? Wenn sie es tun, dann darf ich mich darüber freuen. Aber es erwarten? Damit rechnen? Nur weil sie es früher einmal getan haben? Nur weil sie mich immer so freundlich grüßen? Nur weil ich einmal etwas für sie getan habe?

Ich will nur das von meinen Mitmenschen erwarten, was sie mir zugesagt haben. Und wenn mir etwas wichtig ist, werde ich vorher mit ihnen darüber reden: „Kann ich morgen mit dir rechnen?" So spare ich mir viele unnötige Enttäuschungen.

Enttäuscht bin ich dann nur noch in seltenen Fällen: wenn sie ihre Versprechungen nicht einhalten.

Statt mir Sorgen zu machen, will ich tun, was getan werden muss – beides zugleich geht nicht.

Vieles im Leben muss ich systematisch planen und vorbereiten. Wenn ich es nicht tue, versinke ich irgendwann im Chaos. Auch wenn ich ein Problem habe, das mich belastet, muss ich mich erst einmal in Ruhe damit beschäftigen und auseinandersetzen: Was ist der Grund für dieses Problem? Wie ist es dazu gekommen? Was muss ich ändern oder akzeptieren? Ich denke nach, tausche mich mit Freunden aus, plane einen Weg und bereite mich innerlich darauf vor. Und dann beginne ich zu handeln und mein Problem zu lösen.
Sorgen dagegen sind nicht konstruktiv. Sorgen halten mich von klaren Gedanken ab. Sie führen nicht zu einer Handlung. Sie lähmen. Sie ziehen mich runter. Sie nehmen mich gefangen. Sie stehlen mir die Freude am Leben und rauben mir den Schlaf.
Sobald sich die Sorgen wieder einmal in mein Denken einschleichen, werde ich sie verscheuchen. Und die Probleme, die hinter den Sorgen stehen, werde ich mutig anpacken und lösen.

Wenn ich die Tretmühle satt habe, will ich nicht versuchen, schneller zu treten.

Manchmal will ich nicht mehr. Manchmal kann ich nicht mehr. Manchmal ist mir das Leben zu schwer. Manchmal bekommt mir das, was ich tue, nicht gut. Manchmal ist mir alles zu viel.

Dann muss sich etwas ändern. Dann ist Zeit zu handeln. Aber ich will richtig handeln, angemessen, konsequent. Ich will nicht nach Lösungen greifen, die andere mir überstülpen wollen. Ich will nicht die erstbeste Antwort auf meine Fragen akzeptieren. Ich will mich nicht blind in Arbeit stürzen, wenn die Geschäfte schlecht laufen. Ich will nicht von einer Beziehung in die andere flüchten. Ich will mich nicht von der Welt zurückziehen, weil einige Freunde mich enttäuscht und verletzt haben.

Ich werde den Problemen mutig in die Augen sehen. Ich werde mir nichts vormachen. Ich werde alle offenen Fragen klären. Ich werde mich nicht wieder durchmogeln. Und ich werde herausfinden, was ich tun und verändern kann.

Ich achte die Würde meiner Mitmenschen – aber nicht all ihre Empfindlichkeiten.

Jeder Mensch ist kostbar und liebenswert, jeder, daran will ich fest glauben. Das ist die Voraussetzung dafür, dass ich auch mich selbst als einen wertvollen Menschen sehen kann. Ich will meine Mitmenschen so behandeln, wie auch ich gern behandelt werden will. Ich will ihre Überzeugungen ernst nehmen, ihnen nach Möglichkeit entgegenkommen und ihre Besonderheiten akzeptieren. Ich will sie achten und ihnen freundlich begegnen.

Aber es gibt Grenzen für meine Nachsicht und Freundlichkeit, und zwar dann, wenn ich nicht mehr ich selbst sein darf, wenn ich mich verstellen und verkrümmen muss, wenn ich meine Überzeugungen verraten und meine Eigenschaften verstecken muss, wenn ich nicht fröhlich sein und meine Meinung vertreten darf.

Es gibt Grenzen, wenn Menschen mit ihrer Schwäche oder Empfindlichkeit Macht ausüben wollen. Da wird meine Würde angetastet. Und die werde ich fröhlich und mutig mit allen Mitteln verteidigen.

Ich will mir nicht mehr „Lebensprogramm" zumuten, als meine Seele verkraften kann.

Der eine kann mehr verkraften als der andere. Was der eine mit Leichtigkeit „wegsteckt", kann den anderen schon umwerfen. Wann die Seele unter Stress leidet, kann also individuell sehr unterschiedlich sein.

Trotzdem gibt es immer wieder Ärzte und Psychologen, die Stresstabellen für die Seele veröffentlichen. Ein Todesfall in der Familie wird dann zum Beispiel mit 100 Stresspunkten bewertet. Wenn im Laufe eines Jahres noch ein Umzug dazukommt, der Wechsel des Arbeitsplatzes und eine schwere Beziehungskrise, dann sind die kritischen 300 Punkte schon erreicht. Die Seele kann dem Stress nicht standhalten, der Mensch wird sehr wahrscheinlich ernsthaft erkranken.

Ich will herausfinden, was ich meiner Seele zumuten kann. Ich will regelmäßig auf sie hören und ihre Signale beachten. Ich will nicht alles auf einmal in meinem Leben verändern. Ich will nicht mehr, als mir gut tut und ich verkraften kann.

Ich gebe anderen kein Mitbestimmungsrecht über mein Leben.

33

Seit ich erwachsen bin, bestimme ich allein über mein Leben. Das heißt nicht, dass ich nicht zu Kompromissen bereit bin. Wenn wir unterschiedlicher Ansicht sind, versuche ich mich zu einigen: Das gilt in der Familie und im Freundeskreis, in der Firma, in der Gemeinde, im Verein.
Aber ich akzeptiere es nicht, dass andere über mein Leben bestimmen. Sie versuchen es immer wieder. Wie? Indem sie mich unter Druck setzen – mit der Androhung von Gewalt oder ernsten Konsequenzen, mit Tränen oder gespielter Hilflosigkeit, mit ständigen Vorwürfen oder Angriffen.
Wenn ich erst einmal damit anfange, anderen Macht über mein Leben zu geben, kann ich schnell in einen Teufelskreis geraten. Es wird von Mal zu Mal schwerer, mich daraus zu befreien.
Meine Würde als Mensch hat sehr viel damit zu tun, dass ich über mein Leben selbst bestimme und gleichzeitig zu meiner Verantwortung stehe.

Wenn ich etwas nicht verstehe, frage ich nach. Nur dumme Menschen fragen nicht.

Es ist mir schon mehrfach passiert. Jemand erzählte begeistert von Schriftstellern, Softwareprogrammen oder Krankheiten. Plötzlich fiel ein Name. „Kennst du doch sicher!“, fragte er kurz, um sich zu vergewissern. Ich nickte und fühlte mich während der weiteren Erläuterungen wie ein Hochstapler. Was wäre wohl passiert, wenn ich zugegeben hätte, den Namen noch nie gehört zu haben – oder mich zumindest nicht erinnern zu können? Ob er mich für dumm gehalten hätte?
Dumm fühlte ich mich jetzt. Ich hatte genickt und hätte doch energisch mit dem Kopf schütteln müssen. Dann hätte ich wahrscheinlich einiges dazugelernt. Er hätte mir etwas über den Schriftsteller erzählt, über das neuste Programm oder die seltene Krankheit. Ich hätte dazugelernt und wäre hinterher klüger gewesen.
In Zukunft werde ich fragen. Egal, wie peinlich es mir ist! Hinterher werde ich voller Stolz sagen können, dass ich klüger und mutiger bin als vorher.

Bei teuren Anschaffungen frage ich mich, ob sie für mein Leben wirklich wichtig sind. Meine Seele braucht Zuwendung und keinen „billigen" Ersatz.

Schon oft habe ich viel Geld ausgegeben für Dinge, die ich überhaupt nicht brauchte. Die teuren Schuhe habe ich nur einmal angezogen. Die Nudelmaschine steht ungebraucht im Keller. Das teure Geschirr habe ich noch gar nicht ausgepackt. Und das neue Auto ist viel zu groß für mich.

Ich will lernen, dass die Qualität meines Lebens nicht von den Dingen abhängig ist, die ich mir leiste. In Zukunft werde ich auf teure Spontankäufe verzichten. Ich werde fragen, ob ich es „brauche" und ob es mir wirklich gut tut. Ich werde noch einmal darüber schlafen und noch einmal.

Was ich wirklich brauche, kann ich nicht kaufen: Vertrauen in die Zukunft, Begeisterung, ein positives Selbstwertgefühl, Liebe und Freundschaft, Bewegung und Veränderung, Freude und Lebensglück.

Bevor ich etwas kaufe, will ich in Zukunft erst einmal fragen: Was braucht meine Seele, damit ich glücklich sein kann?

Ich gestehe mir ein, dass ich vor allem glücklich sein will.

Ich fühle mich für meine Familie verantwortlich. Ich will im Beruf erfolgreich sein. Ich will immer anständig bleiben. Ich will Gutes tun und dafür geachtet werden. Ich will gesund sein und lange leben."

So oder so ähnlich hätte ich früher meine Prioritäten aufgelistet. Dass ich vor allem glücklich sein will, hätte ich damals abgewehrt und für egoistisch, verantwortungslos und oberflächlich gehalten. Ich fühlte mich für Höheres geboren als für mein persönliches Glück.

Heute weiß ich: Als verantwortungsbewusster Mensch fühle ich mich nur glücklich, wenn ich meine Verantwortung auch wahrnehme. Glück bedeutet, im Beruf erfolgreich zu sein, beliebt, angesehen und gesund. Als Betrüger oder Versager wäre ich nicht glücklich.

So gestehe ich mir ein: Mit allem, was ich tue oder plane, versuche ich, etwas für mein Glück zu tun. Und das ist gut so. Denn je glücklicher ich bin, umso eher kann ich Verantwortung für meine Familie wahrnehmen, im Beruf das erreichen, was mir gut tut, und meinen Werten treu bleiben.

Ich will nicht über Langeweile klagen, denn mein Leben ist immer so interessant wie ich selbst.

Manche Menschen haben niemals Langeweile. Das liegt nicht etwa daran, dass sie ständig verreisen oder nur mit interessanten Menschen zu tun haben. Es liegt einzig und allein daran, dass sie selbst interessant sind.

Ich will, dass mein Leben interessanter wird. Dafür bin ich bereit, an mir zu arbeiten. Ich werde meine Trägheit überwinden. Ich werde selbst leben, statt anderen dabei zuzuschauen. Ich werde neugierig sein und viel fragen. Ich werde Dinge tun, die ich noch nie getan habe. Ich werde öfter meine Angst überwinden. Ich werde mir mehr zutrauen. Ich werde seltener auf meinen guten Ruf achten. Ich werde mich selbst neu kennen lernen – meine Fähigkeiten, Träume und Eigenschaften. Ich werde mehr auf meine Seele hören. Ich werde die Menschen neben mir neu entdecken. Ich werde die Natur mit anderen Augen sehen.

Und irgendwann werde ich feststellen, dass sich die ganze Welt verändert hat. Für Langeweile ist dann kein Raum mehr.

Wenn ich etwas erreichen will, fange ich heute damit an.

Ein Grund, mein Vorhaben hinauszuschieben, lässt sich immer finden. Aber das Leben ist zu kostbar, um es ständig aufzuschieben. Es ist zu kurz, um mir endlos Zeit zu lassen. Und es ist viel zu interessant, um es zu versäumen. Ich kann noch so lange über meinen Weg nachdenken – es nützt mir nichts, wenn ich nicht den ersten Schritt tue und dann mutig und konsequent weitergehe.

Ich habe mich entschieden, einige Träume zu verwirklichen. Ich will einige Pläne in die Tat umsetzen und nicht nur davon reden. Ich will einiges in meinem Leben erreichen, auch wenn es anders ruhiger und bequemer wäre. Heute fange ich damit an, aus dem Denken ins Handeln zu treten. Heute mache ich einen Termin für das wichtige Gespräch aus, heute melde ich mich für die Veranstaltung an, heute besorge ich mir Informationen über mein erträumtes Reiseziel, heute schreibe ich meine erste Bewerbung, heute fange ich an, regelmäßig zu laufen. Heute beginnt ein vielleicht sehr anstrengendes, dafür aber spannendes und glückliches Leben.

Ich will nie vergessen, dass es die einfachen Dinge sind, die das Leben bereichern.

Es gab Phasen in meinem Leben, da hatte ich den Eindruck: Ich brauche immer mehr, um glücklich zu sein – ein größeres Auto, exotischen Urlaub, teure Kleidung, einen Computer der neusten Generation, Fitnessgeräte im Keller, ein tolles Ferienhaus und vieles mehr.

Inzwischen weiß ich, dass dies der falsche Weg ist. Immer mehr, immer größer, immer umfangreicher, immer wichtiger – so werde ich nicht glücklich und so werde ich nicht intensiv leben. Im Gegenteil, dadurch lasse ich mich eher davon abhalten!

Reich wird mein Leben durch die einfachen Dinge, die für viele so selten geworden sind: ein einfaches Essen, vielleicht ein Glas Wein, Brot und Käse. Zeit für ein gutes Gespräch mit Freunden. Ein Urlaub in einem einfachen Haus, das erfüllt ist von Lachen und Musik. Ein langer Spaziergang oder Waldlauf, bei dem ich meinen Körper spüre und tief durchatmen kann. Die Gabe, mich an den Menschen und der Schöpfung zu erfreuen – und das Leben zu lieben.

Ich will die Trauer als gute Freundin annehmen, die mich durch schwere Zeiten in ein neues Land begleitet.

Ich kann versuchen, die Trauer aus meinem Leben zu verjagen. Ich kann sie wegdrücken mit Arbeit und Ablenkung und benebeln mit Drogen und Alkohol. Doch dann werde ich nie die heilende und „belebende" Wirkung der Trauer erfahren. Im Gegenteil! Die Trauer wird auf anderen Wegen zu mir zurückkehren, ohne dass ich es merke: Ich weiß nicht, warum ich depressiv bin, warum ich unter rasenden Kopfschmerzen leide, warum ich Magen- oder Rückenprobleme habe. Warum? Ich habe die Trauer nicht zugelassen, und jetzt leidet meine Seele und zeigt, dass ihr etwas fehlt.

Bisher habe ich Trauer als etwas Negatives gesehen. Dabei tut Trauer gut. Sie hilft mir, den Verlust zu erkennen und zu verarbeiten, Abschied zu nehmen, Wunden heilen zu lassen und wieder ins Leben zurückzukehren. Die Trauer schenkt mir eine Auszeit, eine Ruhepause, in der ich mich darauf vorbereiten darf, dass ich wieder Freude am Leben haben werde.

Die Trauer wird mir nicht altes Leben zurückbringen, aber neues Leben ermöglichen.

Ich will die richtige Balance finden zwischen Reden und Zuhören. Die besten Redner sind oft auch hervorragende Zuhörer.

Wenn ich nur den Schwätzern das Wort überlasse, werde ich mitschuldig an der Inflation leerer Worte. Wenn ich nichts sage, darf ich mich nicht ärgern, dass immer dieselben sich in den Vordergrund spielen und immer dieselben Geschichten erzählen. Wenn ich nur schweige, gelte ich im besten Fall als geheimnisvoll, wahrscheinlich aber als langweilig.
Trotzdem muss ich schweigen und zuhören können. Es ist wichtig, dass ich beobachte und kombiniere, beurteile und nachempfinde. Ich muss leben und erleben, bevor ich darüber reden kann. Ich will zuhören – den Menschen, dem Leben und meiner Seele. Zuhören ist eine wichtige Voraussetzung, gut reden und interessant erzählen zu können. Und auch beim Reden kann ich „zuhören" und auf Reaktionen achten: Was sagen mir die Gesichter und die Haltung meiner Zuhörer? Sind sie interessiert oder abwehrend, gespannt oder gelangweilt? Verstehen sie mich oder rede ich an ihnen vorbei?
Reden und Zuhören – ich will die richtige Balance zwischen beidem finden.

Ich hüte mich vor allen, die behaupten, keine Schuld zu haben. Das Böse kommt meistens in anständiger Verkleidung.

Dafür kann ich wirklich nichts!" „Die anderen haben Schuld!" „Davon habe ich nichts gewusst!" „Das kann ich gar nicht verstehen!" „Damit habe ich nichts zu tun!" „Ich habe nur das getan, was andere mir gesagt haben!" „Ich wasche meine Hände in Unschuld!"

Es ist nicht schlimm, einen Fehler zu machen. Es ist verzeihbar, Schuld zu haben. Schlimm ist es, wenn ich nicht zu meinen Fehlern stehe, wenn ich meine Schuld leugne, wenn ich deutlich betone oder sogar selbst davon überzeugt bin, mir nichts vorwerfen zu müssen. Schlimm sind die vielen Menschen mit strahlend weißer Weste.

Ich bin wahrlich kein Unschuldslamm, und ich will nicht so tun, als wäre ich eines. Zu meinen Fehlern will ich stehen. Aber vor denen, die für nichts in dieser Welt verantwortlich sind, will ich mich in Acht nehmen. Denn in den meisten Unschuldslämmern steckt ein schwarzes Schaf oder ein reißender Wolf.

Wenn ich einen Menschen liebe, versuche ich nicht, ihn zu ändern. Denn wenn er sich von mir verändern ließe, würde ich ihn nicht mehr lieben.

Wenn ich einen Menschen liebe und er mich liebt, dürfen wir über alles sprechen. Wir dürfen uns auch sagen, was uns aneinander stört. Wir dürfen uns über negative Eigenschaften beklagen und hoffen, dass sich etwas ändert. Warum? Weil der andere sich nicht angegriffen fühlen muss, sondern sich geliebt und geachtet weiß. Wenn er an sich arbeitet, dann aus freien Stücken, aus Einsicht und Liebe.

Wenn ich einen Menschen liebe, darf ich auch deutlich meine Grenzen benennen: „Wenn du weiter trinkst, werde ich gehen!“ „Tu das nicht noch einmal!“ Grenzen, auf deren Einhaltung ich absolut angewiesen bin, muss ich deutlich aufzeigen.

Einen Menschen lieben darf aber nicht bedeuten, ihn erziehen zu wollen. Wir sind erwachsen und keine Kinder mehr. Ständige Ermahnungen, Hinweise, Belohnungen für Wohlverhalten und Strafen für „Ungehorsam“ zerstören unsere gemeinsame Basis – dass wir uns lieben und einander achten.

Zu viel Aufregung macht krank. Ich rege mich nicht auf – ich wundere mich.

Ich fuhr auf der Autobahn und bebte vor Zorn hinter dem Steuer, weil irgendein Verrückter ständig auf der linken Spur fuhr und niemanden vorbeiließ. Ich ärgerte mich wahnsinnig, dass der Nachbar wieder einmal meinen Gruß nicht erwiderte und einfach wegschaute. Mir blieb fast die Luft weg, als die Frau vor mir auf dem Bürgersteig eine Banane aß und die Schale einfach fallen ließ.

Muss ich mir den Ärger immer wieder antun, fragte ich mich eines Tages, und meine eindeutige Antwort lautete: nein.

Seitdem lebe ich nach der Devise: „Über vieles im Leben kann man sich nur wundern!" Und ich fühle mich wie befreit. Ich staune über rücksichtslose Autofahrer und wundere mich, wie gedankenlos manche Mitmenschen sind. Manchmal komme ich mir vor wie in einem großen Erlebnispark, in dem verschiedene Dummheiten und Gemeinheiten zu besichtigen sind. Ich staune, statt mich zu ärgern. So bin ich viel entspannter und lasse mir wegen solcher Sonderbarkeiten nicht mehr die Laune verderben.

Ich will akzeptieren, dass alles im Leben seinen Preis hat.

Alles hat seinen Preis, auch wenn ich ihn nicht bezahlen möchte. Ich will essen und genießen, aber nicht zunehmen. Ich will mich im Kreis meiner Familie wohl fühlen, aber auf meine Freiheit nicht verzichten. Ich will viele Gäste einladen, aber möglichst wenig Arbeit haben.

Ich will alles im Leben umsonst bekommen? Aber wenigstens der Sonnenuntergang ist doch geschenkt! Auch nicht? Wann habe ich zum letzen Mal gesehen, wie die Sonne untergeht? Das ist lange her. Warum? Es war so viel in der Firma zu tun. Es war zu Hause vor dem Fernseher so gemütlich. Ich habe mir solche Sorgen gemacht. Und das hat mich davon abgehalten, hinauszugehen und den Sonnenuntergang zu betrachten. Ich war nicht bereit, den Preis zu zahlen.

Wenn ich das eine tue, kann ich nicht zugleich das andere tun. Wenn ich mich für das eine entscheide, entscheide ich mich gegen das andere. Den Preis muss ich stets bezahlen. Aber ich will dazu bereit sein. Denn nur so werde ich die Erfahrung machen, dass das Leben spannend und beglückend ist.

Ich bin bereit, mich und mein Leben immer wieder zu verändern. So entgehe ich der Gefahr, heute schon mein eigenes Denkmal zu sein.

Leben ist Wachstum. Leben ist Veränderung. Leben ist die Bereitschaft, offen zu sein für Neues, Herausforderungen anzunehmen und aus eigenen Fehlern zu lernen.

Ich weiß, was geschieht, wenn ich mich dem widersetze, wenn ich träge, unbeweglich und uneinsichtig werde, ängstlich oder selbstherrlich. Dann ist von meiner Lebendigkeit und Lebensfreude kaum noch etwas zu spüren. Dann fühle ich mich blutleer und mindestens zwanzig Jahre älter.

Das sind die Feinde des Lebens: Stehen bleiben, an der Vergangenheit festhalten, sich an Besitz klammern, alles besser wissen, in Routine erstarren, Angst vor der Zukunft haben und keine neuen Träume mehr zulassen.

Ich habe mich eindeutig für das Leben entschieden. Ich will mich selbst, meine Mitmenschen und diese Welt ständig neu entdecken. Ich will eingefahrene Gleise verlassen und neue Wege gehen. Ich will leben und wachsen und glücklich sein.

Ich bin dankbar für jede Krise, weil sie mich an das Leben erinnern will.

Früher sah ich eine Krise immer als eine Art Betriebsunfall an: etwas, das mich stört und daran hindert, glücklich zu sein und normal weiterzuleben. Bei einer Krise hatte ich stets nur den einen Wunsch, sie so schnell wie möglich wieder loszuwerden. Eine Krise versuchte ich zu bekämpfen oder wegzudrücken.

Dann jedoch erkannte ich, dass eine Krise fast nie ein schwarzer Ritter ist, sondern ein weißer. Sie ist ein liebevoller Ruf meiner Seele: Etwas in meinem Leben ändert sich oder muss sich ändern. Mir wurde deutlich, dass mit jeder Krise auch eine neue Chance kommt.

Eine Krise kann mir zeigen, dass ich zu viel arbeite, meine Gesundheit vernachlässige, mich gegen das Älterwerden wehre oder mich von meiner Familie entfremde, dass ich träge und nachlässig geworden bin oder nur im Geldverdienen einen Sinn sehe.

Es ist eine wunderbare Wandlung, die ich erfahren durfte: Heute ist eine Krise für mich nichts Negatives mehr, sondern ein liebevoller Hinweis auf das Leben.

Ich will mich nicht vor meinen Kritikern rechtfertigen. Damit würde ich sie nur auf den Geschmack bringen.

Ich bin dankbar für jede konstruktive Kritik. Schon oft hat sie mir geholfen, einen Fehler zu erkennen oder weiter an mir zu arbeiten. Manchmal bitte ich Freunde sogar darum, mir ehrlich ihre Meinung zu sagen und nicht mit Kritik zu sparen.

Meistens ist Kritik jedoch nicht konstruktiv, sondern nur negativ oder sogar zerstörerisch. Sie wird hinter meinem Rücken weitergegeben, und ich erfahre davon erst durch Dritte. Sie ist überheblich und doch ohne Sachverstand, weil der Kritiker die Zusammenhänge gar nicht kennt. Und oft steckt nichts anderes dahinter als Neid oder Besserwisserei.

Wenn ich auf jede Kritik hören würde, wüsste ich bald gar nicht mehr, was richtig ist. So unterschiedlich und teilweise entgegengesetzt sind die „Ratschläge".

Ich habe genug damit zu tun, an mir zu arbeiten, Pläne zu verwirklichen und intensiv zu leben. Sollen die anderen reden, was sie wollen!

Ich will meine Wohltäter nicht vergessen. Darum bedanke ich mich, wenn meine Mitmenschen mir Gutes tun.

Ich halte es nicht für selbstverständlich, wenn andere sich für mich engagieren. Aber zum Glück geschieht es sehr häufig: Jemand ruft mich an oder besucht mich, wenn es mir nicht gut geht. Der Nachbar räumt für mich den Schnee weg, als ich unerwartet verreisen musste. Eine Freundin besorgt mir eine Eintrittskarte für das ausverkaufte Konzert. Ein guter Bekannter vermittelt mir einen Kunden. Ein früherer Schulkamerad bietet mir eine Woche Urlaub in seinem Ferienhaus an. Ein Geschäftskollege leiht mir das lustige Video, das ich schon lange gesucht habe.

Ich halte das nicht für selbstverständlich. Und ich bin dankbar, dass es so ist. Diesen Dank drücke ich deutlich aus. Manchmal schreibe ich eine Karte, um mich zu bedanken, oder lade zu einem Dankeschön-Essen ein. Und ich bin natürlich bereit, mich zu „revanchieren".

Denn wir alle setzen uns gern für jemanden ein, wenn etwas zurückkommt – zumindest ein freundliches Dankeschön.

Ich akzeptiere das Auf und Ab in meinem Leben, statt ständig gegen mich selbst zu kämpfen.

Ich bin ein Stück Schöpfung, ein Stück Natur. Das sagt sich so leicht. Aber die Konsequenzen sind oft nur schwer zu akzeptieren: Wenn ich mich angestrengt habe, bin ich erschöpft. Im Laufe der Jahre lassen meine Kräfte nach. Es gibt Tage, an denen ich nichts zustande bringe, und andere, an denen ich mich selbst übertreffe. Manchmal bin ich ohne Grund traurig, und dann wieder kann ich meine Lebensfreude kaum fassen. Und auch im Laufe eines Tages kann meine Leistungskurve mehrmals nach oben und nach unten gehen. Ich will nicht ständig gegen mich, gegen meine Natur ankämpfen. Wenn ich erschöpft bin, will ich keine Höchstleistungen von mir erwarten. Wenn ich traurig bin, will ich nicht den Clown spielen. Wenn ich satt bin, will ich kein großes Menü essen. Wenn die Frühlingsgefühle in mir erwachen, will ich nicht den Keller aufräumen.

Ich werde mit mir selbst besser zusammenarbeiten – mit meinem Körper und meiner Seele. Und ich werde mehr als bisher auf ihre Signale achten.

Ich behandle mich selbst gut. Dann werden es auch meine Mitmenschen tun.

51

Wenn ich mich selbst nicht mag, spüren das auch die anderen. Sie merken schnell, dass ich mit mir unzufrieden bin. Sie vermissen an mir Lebensfreude und Selbstbewusstsein. Ihnen fällt auf, dass ich mich vernachlässige und mir nur wenig zutraue. Und dann geschieht das Sonderbare: Die anderen sind jetzt nicht etwa besonders rücksichtsvoll und freundlich zu mir, ganz im Gegenteil! Sie behandeln mich so, wie ich es ihnen vormache. Sie verlieren die Achtung vor mir – und sind bald nicht mehr an mir interessiert.

Wenn ich mich dagegen selbst mag, mich für sympathisch und liebenswert halte – beginnt auch in manchen meiner Mitmenschen eine Veränderung. Ich steige in ihrer Achtung, sie behandeln mich freundlich und suchen meine Gesellschaft. Sie schätzen mich so ein, wie ich es ihnen vorlebe.

Mir liegt daran, dass meine Mitmenschen mich gut behandeln. Also werde ich es auch tun.

Wenn ich mich über einen Menschen ärgere, sage ich es ihm. Wenn ich mich über ihn freue, sage ich es allen.

Manchmal schlucke ich meinen Ärger hinunter. Ich sage mir: Was soll die Aufregung? Oder: Noch einmal lasse ich mir das aber nicht gefallen! Doch wenn ich immer nur alles hinunterschlucke, bekomme ich irgendwann Magenprobleme.

Was kann ich tun, wenn ich mich über jemanden ärgere? Eine üble Methode ist diese: Ich rege mich auf – vor anderen. Ich schildere meine Sichtweise – hinter seinem Rücken. Und ich finde viele, die sich auf solche „Gespräche" gern einlassen. Der Verlierer bin ich. Denn ich gelte schnell als falsch. Und der, über den ich mich geärgert habe, wird in Zukunft zu meinen Feinden zählen. Denn irgendwann wird ihm alles weitererzählt.

Da sage ich ihm lieber selbst den Grund meines Ärgers, freundlich, deutlich und unter vier Augen. Vielleicht wird er daraus lernen. Vielleicht wird es unserem Verhältnis sogar gut tun.

Wenn ich mich jedoch über einen Menschen freue und ihm dankbar bin, kann ich es jedem erzählen – ihm selbst und allen anderen. Denn Gutes wird immer positiv zu mir zurückkommen.

Ich suche mir meine Freunde selbst aus. Freundschaften sind zu wichtig, um sie dem Zufall zu überlassen.

Wenn ich mir neue Schuhe kaufen will, laufe ich manchmal von einem Geschäft zum anderen. Ich vergleiche, probiere an und brauche viel Zeit, um mich zu entscheiden.

Noch mehr Zeit brauche ich, wenn ich mir ein neues Auto kaufen will. Ich vergleiche Testergebnisse, höre mich bei Freunden und Kollegen um und studiere verschiedene Prospekte. Vielleicht mache ich auch noch die eine oder andere Probefahrt.

Gute Freunde sind wichtiger als Schuhe und Autos. Trotzdem überlassen viele die Auswahl ihrer Freunde dem Zufall. Sie warten passiv darauf, dass andere auf sie zukommen. Sie sagen oft: Mal sehen, was sich daraus entwickelt! Sie sind nicht bereit, die Mühe auf sich zu nehmen, Freunde zu gewinnen und Freundschaften zu pflegen.

Ich will nicht irgendwelche Freundinnen und Freunde. Ich will Menschen suchen, in deren Nähe ich mich wohl fühle, mit denen ich mich gut verstehe und die meiner Seele gut tun. Ich will aktiv auf andere zugehen und regelmäßig in meine Freundschaften investieren.

Ich höre damit auf, die Probleme anderer Menschen zu lösen.

Wer Probleme hat, kann daran wachsen, wenn er vor den Problemen nicht davonläuft, sondern sie mutig anpackt. Ein Problem ist auch eine Chance.

Oft habe ich versucht, die Probleme anderer Menschen zu lösen. Sie taten mir Leid, sie baten mich um Hilfe, sie vertrauten mir. Und so habe ich das Problem zu meinem gemacht: Ich habe geschuftet, Gespräche geführt, vermittelt, verhandelt und vieles andere mehr. Oft konnte ich nachts nicht schlafen, weil ich mich mit „meinem" Problem herumwälzte. Und tatsächlich, manches Problem konnte ich lösen.

Doch dieses oder ein anderes Problem kam wieder. Und wieder hatte dieser Mensch Geldsorgen oder Ärger mit den Nachbarn oder Beziehungsstress oder fand sich in seinem eigenen Chaos nicht mehr zurecht. Ich hatte ein Problem gelöst, aber das Grundproblem blieb. Das hätte er nur selbst lösen können.

Heute bin ich für die Probleme anderer nicht mehr zuständig. Wenn mich jemand um Rat bittet, will ich ihm helfen, sein Problem zu erkennen. Ich will ihm gern Auswege zeigen. Aber gehen muss er selbst.

Ich sage zum Baum „Bruder“ und zur Blume „Schwester“.

Schon manchmal stand ich an einem wunderschönen, abgelegenen Platz mit einem herrlichen Blick und dachte: Hier würde ich gern ein Ferienhaus haben! Und das denken natürlich auch andere. So steigen solche schönen Plätze manchmal gewaltig im Preis. Dieses wunderbare Fleckchen Natur wäre eine gute Kapitalanlage gewesen.

Natur ist mehr als eine Kapitalanlage. Natur ist Lebensraum, auf den wir angewiesen sind. Natur ist eine Quelle der Freude, der Gesundheit und Erholung.

Wir Menschen sind selbst ein Teil der Natur. Wir sind ein Teil der Schöpfung. Wir spüren den Rhythmus der Natur in uns. Und alle Tiere und Pflanzen sind Geschöpfe wie wir.

Ich will meine Einstellung zu unseren Mitgeschöpfen verändern. Ich will nicht zulassen, dass Tiere leiden müssen. Ich will mich freuen über jede Blume und jeden Baum. Ich will dankbar sein für jedes Moor, das noch nicht gezähmt oder zugeschüttet ist, und für jede Wildnis, die wir noch nicht „kultiviert“ haben.

Wenn ich noch nie am Meer war, kaufe ich mir morgen eine Fahrkarte.

Viele Träume und Wünsche schiebe ich vor mir her. Irgendwann werde ich dafür Zeit haben! Doch je mehr hinzukommt, umso unüberschaubarer wird es. Bald sieht es in mir aus wie in einem überfüllten Kleiderschrank oder auf einem unaufgeräumten Schreibtisch.

Ich schaffe Ordnung in mir. Ich nehme mir Zeit und frage, welche Träume und Wünsche mir noch wichtig sind. Und ich stelle fest: Den Erfolgsroman, den inzwischen kaum noch jemand kennt, möchte ich gar nicht lesen. Für den Besuch bei der Urlaubsbekannschaft ist es heute, nach sechs Jahren, zu spät. Und der künstliche Bach im Garten wäre nur eine teure Spinnerei.

Aber es bleibt vieles, was ich gern tun und erleben würde. Ich werde es nicht wieder so lange aufschieben, bis es sich erledigt hat: Ich werde anfangen zu malen oder Italienisch zu lernen. Ich werde mich für die Sonderfahrt mit der historischen Dampflok anmelden, zum ersten Mal in die Berge fahren oder einen Chor gründen. Ich werde mich zurückziehen und nachdenken oder ein großes Fest feiern.

Ich lasse mir nicht von anderen die Zeit stehlen. Mein Eigentum kann ich versichern und ersetzen, meine Zeit nicht.

Wenn jemand unter Langeweile leidet und versucht, seine Zeit totzuschlagen – bitte nicht bei mir! Wenn jemand mit mir verabredet ist, soll er pünktlich kommen! Wenn jemand mit mir über seine Probleme redet, erwarte ich, dass er an sich und seinen Problemen arbeitet. Ich will nicht in der nächsten Woche genau das gleiche Gespräch führen müssen! Wenn jemand mir etwas verspricht, setze ich voraus, dass er das Versprechen einhält – ob es um die Reparatur meiner Schuhe bis Donnerstag geht oder um die Fertigstellung des Finanzplans! Ich will es genauso tun!

Meine Zeit ist kostbar. Das sollen alle wissen. Und ich bin nicht bereit, sie mir stehlen zu lassen.

Auch ich will mit meiner Zeit gut umgehen. Ich will sie vernünftig planen, damit ich nicht hinter ihr herlaufen muss. Aber ich will sie nicht „verplanen“, sondern immer auch Zeit für spontane Ideen oder unerwartete Abwechslungen haben. Ich will intensiv leben – arbeiten und ausruhen, alte Freunde treffen und Neues entdecken, meine Probleme lösen und glücklich sein.

Ich passe gut auf, dass ich nicht erpressbar werde. Meine Feinde warten nur darauf.

Ich möchte kein Politiker sein, der ständig im Rampenlicht steht! Nach den vielen Enthüllungen der vergangenen Jahre hätte ich permanent Angst, einen Fehler zu machen. Einmal im falschen Flugzeug sitzen, ein falsches Wort sagen, mich einmal falsch erinnern – und die Meute würde sich auf mich stürzen.

Politiker haben immer auch Feinde, selbst in der eigenen Partei, die nur auf einen Fehltritt warten. Auch ich habe Feinde, die sich über einen Fehler von mir freuen würden: Konkurrenten, Neider, Intriganten.

So will ich aufpassen, dass diese kein „Futter" bekommen. Ich will nicht erpressbar werden. Denn Fehltritte sind es meistens nicht wert, hinterher die Konsequenzen zu tragen.

Ich will mich nicht selbst beruhigen: „Noch ein Glas schadet nichts!", „Andere tun das auch!" oder „Das wird schon keiner merken!" Tief in mir weiß ich sehr wohl, was richtig ist, und nur danach will ich mich richten. Ich werde es verhindern, dass meine Feinde mich unter Druck setzen oder laut über mich lachen können.

Ich investiere mehr in meine Gesundheit als in meine Garderobe.

Was nützen mir meine Aktienpakete und mein Immobilienbesitz, wenn ich krank im Bett liege? Was nützen mir meine vollen Kleiderschränke, wenn ich unter schweren Depressionen leide? Was nützt mir ein schönes, gemütliches Haus, wenn ich ständig Schmerzen habe? Die beste Investition ist sinnlos, wenn ich nicht gleichzeitig in meine Gesundheit investiere. Hier ist mein Investitionsplan:
Ich treibe täglich mindestens eine halbe Stunde Sport oder mache einen langen Spaziergang. Ich sorge dafür, dass ich genügend Schlaf habe. Wenn ich viel arbeite, ruhe ich mich regelmäßig aus und mache genügend Urlaub. Wenn ich dagegen wenig arbeite und unter Langeweile leide, suche ich mir eine zusätzliche Beschäftigung. Ich ernähre mich gut und esse viel Obst, Gemüse und Vollkornprodukte. Ich höre mit dem Rauchen auf und trinke weniger Alkohol. Ich gehe regelmäßig zum Arzt und lasse mich gründlich untersuchen.
Lieber habe ich weniger Besitz, als mir mit einer falschen Lebensweise die Gesundheit zu ruinieren.

Wenn es Dinge gibt, die gesagt werden müssen, werde ich reden.

Ich muss nicht zu jedem und zu allem etwas sagen. Ich muss nicht immer meine Meinung äußern. Ich muss nicht reden, bevor ich nachgedacht habe. Es gibt schon viel zu viele, die fast ununterbrochen reden. Je mehr jemand dahinredet, umso weniger gilt sein Wort. Ich kann auch gut einmal nur zuhören.

Allerdings – manchmal gibt es Augenblicke, in denen ich genau weiß, dass ich reden muss. Wenn jemand andere nur verunsichert oder ängstigt, muss ich reden: „Halt deinen Mund!“ Wenn jemand auf Kosten Schwächerer Witze macht, darf ich mich nicht zurückhalten: „Hör auf damit!“ Wenn jemand sich selbst nicht mehr mag, sage ich ihm: „Schön, dass es dich gibt!“ Wenn jemand mir ein schmutziges Geschäft vorschlägt, erwidere ich eindeutig: „Ohne mich!“

Wenn ich reden muss, will ich es tun, auch wenn es mir schwer fällt und ich nicht immer sehr mutig bin. Es gibt Dinge, die müssen gesagt werden. Doch von denen, die ständig reden, ist dann nichts zu hören.

CB
VISA

Ich freue mich über das Glück und die Erfolge meiner Mitmenschen. So habe ich auch etwas davon.

Es gibt viele Möglichkeiten, mir das Leben unnötig schwer zu machen. Ich kann alte Verletzungen aufreißen und Enttäuschungen wieder hervorkramen. Ich kann mir um alles Sorgen machen. Ich kann schrecklich unter Stress stehen, weil ich nicht richtig geplant habe.

Besonders schwer habe ich am Neid zu tragen! Warum? Neid ist eine negative Lebenseinstellung. Sie ist gegen Menschen gerichtet, die mehr haben als ich. Ich bin fixiert auf etwas, das anderen gehört. Ich mache mir das Leben schwer und werde das Objekt meiner Begierde wahrscheinlich nie erreichen.

Was mir das Leben leichter macht? Das Gegenteil von Neid! Wenn ich mich mit anderen über ihre Erfolge freue, tue ich mir selbst Gutes. Wenn ich ihnen ihren Besitz gönne und ihnen Gutes wünsche, verwöhne ich mich selbst. Wenn ich über ihr Glück erfreut oder begeistert bin, bin ich dabei, ein glücklicher Mensch zu werden.

Wenn ich mich mit anderen über ihren Reichtum freue, bin ich selbst reich – vielleicht sogar reicher als sie!

Ich vertraue darauf, dass Gott mich ohne Vorbehalte liebt. Einen anderen Gott brauche ich nicht.

Das Gottesbild, das den „Glauben" vieler Menschen bestimmt, ist äußerst Furcht erregend. Da ist ein harter, strenger Gott, der den Menschen droht und sie bestraft, oder ein unmenschlicher Gott, der alles verbietet, was Spaß macht. Da ist ein menschenverachtender Gott, der Hexenverbrennungen zulässt und Heilige Kriege ausruft, oder ein langweiliger Gott, der ohne ein Lächeln meditierend in einer Höhle sitzt.

Ich habe schon genug Probleme in meinem Leben, als dass ich mir durch so einen Glauben noch weitere schaffen muss. Ich brauche einen Glauben, der mir gut tut, der mir Würde und Hoffnung schenkt.

Ich lese in der Bibel: „Gott ist Liebe." Da fühle ich mich angesprochen. Ich will gern an einen Gott glauben, der mich liebt und es gut mit mir meint. Und das könnte mein persönliches Glaubensbekenntnis sein: Gott befreit mich von Zwängen. Gott führt Menschen zusammen und trennt sie nicht. Gott will, dass ich glücklich bin. Gott will, dass wir füreinander einstehen. Gott schenkt mir Würde und Selbstwertgefühl.

Ich sorge dafür, dass ich gut schlafe. So stelle ich sicher, dass ich aufgeweckt bin.

Bei manchen „Schlafgeschichten" bleibt mir fast die Luft weg. Ein Geschäftsmann erzählt stolz, dass er morgens schon zwei Stunden vor den anderen im Büro ist. Fünf Stunden Schlaf reichen ihm völlig aus. Ein ehemaliger Schulfreund bekennt, dass er ohne mindestens eine Flasche Wein nicht einschlafen kann. Eine Bekannte berichtet verzweifelt, dass sie vor lauter Sorgen und Problemen kaum noch richtig schläft. Und eine Freundin klagt, dass sie morgens oft fast zwei Stunden braucht, bis sie aus dem Bett kommt.

Ich habe Schlafzimmer gesehen mit dicken Staubflocken auf dem Teppich, an Gardinen und Wandbehängen. Eins war knallrot gestrichen. Und manche Matratze hätte sofort auf den Sperrmüll gehört.

Zu einem gelingenden Leben gehört ein guter Schlaf. Ohne ihn werden die Möglichkeiten des Tages dramatisch verringert. Ohne ihn werden meine Sorgen und Krankheiten zunehmen. Ohne ihn wird Glück in meinem Leben bald ein Fremdwort sein.

Was ich für einen guten, gesunden Schlaf tun kann, werde ich tun – konsequent!

Ich akzeptiere meine Grenzen. Nur so erkenne ich, wie viel Raum zum Leben ich habe.

Ich habe oft nicht darauf geachtet, was für mich gut ist und was nicht. Ich habe meine persönlichen Grenzen überschritten – mit teilweise schlimmen Folgen. Deshalb habe ich mir eine Art Landkarte mit meinen Grenzen aufgezeichnet.
Eine Grenze ist meine Gesundheit: Ich will nicht noch einmal erleben, dass Bewegungsmangel, falsche Ernährung oder negativer Stress meinen Körper beeinträchtigen und so meine Bewegungsfreiheit eingeschränkt wird.
Eine Grenze sind meine Fähigkeiten: Ich kann vieles, aber nicht alles. Soll ich den Vorsitz im Sportverein übernehmen, wo ich doch kein guter Organisator bin?
Eine Grenze sind meine Werte: Ich will niemanden betrügen oder demütigen oder benutzen.
Und ich will die Grenzen meiner Seele beachten, die überfordert ist, wenn ich sie mit unnötigen Problemen belaste.
Meine Landkarte macht mir deutlich: Innerhalb dieser Grenzen gibt es unzählige Möglichkeiten zu leben. Ich kann Herausforderungen annehmen, lernen und gestalten, genießen, weinen und lachen und mich jeden Tag freuen.

Ich glaube daran, dass ich kostbar und liebenswert bin. Das ist genug. Ich muss nicht kostbarer und liebenswerter sein als meine Mitmenschen.

Mangelndes Selbstwertgefühl lähmt. Es zerstört unzählige gute Möglichkeiten zu leben und glücklich zu sein. Es macht Angst, macht krank, macht verzweifelt.

Ich glaube an meinen Wert. Wenn ich mich im Spiegel sehe, sage ich manchmal: „Schön, dass du da bist!" Ich sehe mich als Gottes geliebtes Kind, als wertvolles Kind des Lebens.

Menschen mit einem positiven Selbstwertgefühl fallen mir meistens gleich auf. Oft sind sie äußerst sympathisch und interessant, und ich bin gern in ihrer Nähe.

Jeder Mensch ist kostbar und liebenswert. Manchen reicht dieser Satz nicht aus. Sie wollen besser oder größer sein als andere. Sie wollen wertvoller und liebenswerter sein. Woran das liegt? Im Grunde ihrer Seele können sie nicht an ihren Wert glauben. Sie müssen sich und anderen ständig etwas beweisen. Und weil sie sich selbst nicht achten, können sie auch ihre Mitmenschen nicht wertschätzen. Ein schrecklicher Kreislauf!

Jeder Mensch ist kostbar und liebenswert. Das reicht mir aus. Und das tut mir gut.

KLOVENIERS
BURGWAL
CENTRUM

Ich spare mir meine Entschuldigungen – sonst verliere ich schnell jeden Kredit.

Gerade als ich dem Haus wollte, klingelte das Telefon, und das war ein Verwandter, der einfach nicht zum Schluss kam, und als ich dann endlich in der Straßenbahn saß, merkte ich, dass ich meine Unterlagen vergessen hatte, und ich musste wieder zurück ..."

Ich kann solche Entschuldigungen nicht mehr hören, weder von mir noch von anderen. Sie sagen meinem Gegenüber, dass ich unpünktlich bin, mich nicht vorbereitet habe, gebummelt und lange am Telefon geklönt habe. Sie beschreiben meine Unfähigkeit.

Die Entschuldigung verbessert meine Lage nicht. Im Gegenteil! Ich schiebe die Schuld auf das Telefon oder den Verwandten oder die Unterlagen. Ich werde unglaubwürdig oder mache mich lächerlich.

Ich werde mir meine Entschuldigungen sparen. Ich werde mir selbst und meinem Gegenüber eingestehen, dass ich zu spät bin oder einen Fehler gemacht oder mich getäuscht habe. Alle Entschuldigungen sind Versuche, davon abzulenken, dass sich etwas ändern muss – und zwar ich!

Ich will interessant sein. Wenn ich nur höflich bin, verbreite ich schnell Langeweile.

Ich denke zurück an den Empfang am Mittwoch. An wen erinnere ich mich? Da war eine junge Frau, die trug ein dunkelrotes glänzendes Kleid. Ein Mann mit Bart sprach von einer neuartigen Geschäftsidee, und schnell hatte er etliche Zuhörer um sich geschart. Ein Herr mit Brille und dunklem Anzug ging von einem zum andern, stellte sich vor und führte mit etlichen ein lockeres Gespräch. Ein dynamischer Mittvierziger hielt eine kurze Rede und dankte den Gastgebern für die Einladung und die anregende Atmosphäre. Ich stand höflich lächelnd irgendwo in einer Ecke und machte mir meine Gedanken.

An mich, so glaube ich, würde sich wohl niemand erinnern. Dabei will ich doch interessant sein! Warum? Weil ich interessant bin. Schließlich habe ich viel erlebt. Ich habe vieles in meinem Leben versucht – mit Erfolg oder ohne. Und ich kann von interessanten Ideen und Plänen berichten.

Also Schluss mit höflicher Bescheidenheit irgendwo im Hintergrund! Nächstes Mal werden sie sich an mich erinnern – versprochen!

Ich will das Glück nicht am falschen Ort suchen. Finden kann ich es nur in mir.

Wo habe ich nicht schon überall nach dem Glück gesucht! Ich glaubte, viel Geld würde mich glücklich machen. Ich könnte mir das Glück sozusagen kaufen und nichts wäre für mich unerreichbar.

Ich glaubte an äußeren Erfolg und Anerkennung als Garanten des Glücks. Die Menschen würden mich lieben und achten, und ich wäre glücklich.

Ich glaubte, ein bestimmter Mensch würde mich glücklich machen, und ich müsste nur seine Beachtung finden und seine Liebe erobern.

Ich träumte von einem wunderbaren Urlaub auf einer exotischen Insel. Dort, so war ich sicher, würde ich bestimmt das Glück finden.

Inzwischen weiß ich, dass mein Glück mit all dem nichts zu tun hat. Im Gegenteil! Glück von einem Menschen, von Geld oder sonst etwas zu erwarten, heißt, es nicht mehr da zu suchen, wo ich es finden kann: in mir.

Glücklich bin ich, wenn ich mich meines Lebens freue – egal ob mit oder ohne Geld.

Ich lache täglich und feiere ab und zu ein fröhliches Fest.

Das Lied der wichtigen Menschen: „Wir sind furchtbar ernst. Wir sind äußerst wichtig. Wir sind unentbehrlich. Wir werden dringend gebraucht. Ohne uns läuft nichts. Wir müssen viel und hart arbeiten und haben immer etwas zu tun."

„Wir beschäftigen uns nicht mit Kinderkram. Aus Träumen und Hoffnungen sind wir längst hinausgewachsen. Zum Lachen gibt es keinen Grund. Und außerdem haben wir keine Zeit."

„Wir haben uns sehr verändert. Die Lebensfreude ist uns vergangen. Die Begeisterung haben wir verloren. Spontaneität und Leichtigkeit sind für uns Fremdwörter geworden. Wahrscheinlich werden wir nicht alt – aber wir sind es schon."

Ich will dieses trostlose Lied nicht hören. Es entsetzt mich – auch weil ich fürchte, dass ich einstimmen könnte. Ich will lebendig sein und spontan. Ich will lachen, auch über mich selbst. Ich will mich von der Fröhlichkeit anstecken lassen, wo immer sie mir begegnet. Ich will mich selbst vergessen. Ich will loslassen, was mich belastet. Ich will leben – wirklich leben.

Wenn ich an Menschen interessiert bin, gehe ich auf sie zu – statt zu warten, wem sie sich zuwenden.

Es gibt viele interessante Leute, die ich gern kennen lernen würde. Ich freue mich, Menschen zu begegnen, die etwas Positives ausstrahlen, die weit gereist sind oder viel erlebt haben, die auf einem bestimmten Fachgebiet kompetent sind, originelle Ansichten vertreten oder besonders freundlich und liebenswürdig sind.

Leider habe ich manche gute Gelegenheit zum Kennenlernen oder zum Gespräch verpasst. Ich sah jemanden auf einem Empfang, bei einer Geburtstagsfeier, auf einer Messe oder kulturellen Veranstaltung. Und ich dachte: „Ob er mich wohl sieht?", „Vielleicht ist die Gelegenheit nachher günstiger, sie anzusprechen" oder „Ob sie mich erkennt?"

Ich will mich dem Leben gegenüber nicht passiv verhalten. Ich will nicht warten, was auf mich zukommt. Ich will nicht alles aufschieben. Ich will mutig handeln. Ich will fragen, was ich mir wirklich wünsche und was mir gut tun würde. Und ich will auf Menschen zugehen, an denen ich interessiert bin.

Ich will die Liebe wach halten. Denn es gelingt nur höchst selten, eine Entschlafende ins Leben zurückzuholen.

Das war eine schöne, aufregende Zeit, als wir umeinander geworben haben und uns gegenseitig verwöhnten. Wir führten tiefe Gespräche und wollten wissen, was der andere denkt.

„Man kann nicht immer verliebt sein, irgendwann beginnt der Ernst der Lebens“, sagten mir ältere Freunde, und so kam es auch. Die Gespräche reduzierten sich irgendwann auf Kindererziehung und Haushalt. Zu entdecken und werben gab es nichts mehr. Wir hatten inzwischen „Wichtigeres“ im Sinn als romantische Stunden.

Doch es kommt die Zeit, dass einer von beiden unzufrieden wird. „So habe ich mir das nicht vorgestellt. Lass uns an unserer Beziehung arbeiten!“ Und jetzt beginnt die entscheidende Phase: Gelingt es ihnen, sich wieder als Liebespaar zu entdecken? Sind beide dazu bereit und nehmen sich wieder Zeit füreinander? Oder ist es schon zu spät?

Ich will gemeinsam mit dir etwas für unsere Liebe tun! Ich will unsere Beziehung nicht abhaken wie das Streichen des Wohnzimmers oder die Einkaufsliste. Ich wünsche mir, dass wir uns immer wieder neu entdecken.

Ich höre auf, meinen Ärger zu „pflegen". Ich tue mir selbst etwas Gutes, indem ich denen verzeihe, die mich verletzt haben.

„Jemand hat mich enttäuscht oder verletzt. Ich ärgere mich." Bis hierher ist das eine ganz normale Geschichte. Das Verhalten ist verständlich.

Aber die Geschichte kann weitergehen, und dann wird es krankhaft: Ich höre nicht auf, mich zu ärgern. Ich pflege meine Verletzung. Rachegedanken steigen in mir auf. Ich träume schlecht. Ich steigere mich in die Sache hinein.

Ich habe einen neuen Feind. Mein Zorn richtet sich gegen ihn. Und diesen Zorn halte ich wach, weil ich meinen Feind damit treffen und bestrafen will.

Aber ich treffe nur einen: mich. Ich bestrafe nur mich. Ich schlafe schlecht, nicht er. Ich bin verletzt, nicht er. Ich gefährde meine Gesundheit. Ihm geht es vielleicht prächtig.

Ich trage es ihm nach – das ist ein gutes Bild von dem, was geschieht: Ich habe etwas zu tragen. Ich lade mir eine schwere Last auf. Wenn ich mir wirklich Gutes tun will, höre ich auf, mich zu ärgern. Und wenn ich mich selbst liebe, verzeihe ich meinem Feind und befreie mich von meiner Last. Ärger ist nur etwas für Verlierer!

Ich will nicht vor dem Leben weglaufen. Es holt mich doch immer wieder ein.

Leben besteht aus schönen Augenblicken und schweren Zeiten, aus Glück und Enttäuschung, Freude und Belastung. Am liebsten würde ich mich auf die Sonnenseiten des Lebens beschränken.

Doch ich habe Probleme, die mich belasten. Ich muss schwierige Entscheidungen treffen oder dringend eine Lösung finden. Ich muss Abschied nehmen von einem geliebten Menschen. Ich stecke mitten in einer schweren Krise.

Wie reagiere ich darauf? Vielleicht so: „Das wird schon wieder werden!" oder „Ich will davon nichts wissen!" Vielleicht trinke ich viel Alkohol, um meine Probleme zu vergessen. Vielleicht schiebe ich die Entscheidung immer weiter hinaus und mogle ich mich um alles herum.

Und das Glück kommt immer seltener zu mir. Freude und Leichtigkeit verschwinden aus meinem Leben. Ich werde erdrückt von ungelösten Problemen und nicht gefällten Entscheidungen. Verletzungen, die ich nicht heilen lasse, belasten mich.

Ich kann mich nur dann an den hellen Seiten des Lebens erfreuen, wenn ich vor den dunklen nicht davonlaufe.

Ich erwarte keinen Dank für das, was ich tue. Aber ich freue mich über jedes Dankeschön.

Ich kenne viele, die immer hilfsbereit sind. Sie sind zur Stelle, wenn sie gebraucht werden. Man muss sie nicht zweimal um etwas bitten. Helfen ist ihr Leben. Und ihr größtes Glück ist das Gefühl, gebraucht zu werden, sind die dankbaren Augen der Hilflosen, die offizielle Ehrung in der Gemeinde oder im Verein, die Erwähnung in der Dankesrede, oder der Satz: Ohne dich könnte ich nicht leben.

Ich halte viel vom Helfen, ganz bestimmt. Aber nicht um mich selbst zu verwirklichen. Nicht um Menschen von mir abhängig zu machen. Nicht um von oben herab gnädig zu schenken. Und auch nicht um Dankbarkeit und Zuneigung zu erhalten.

Ich halte viel vom Helfen, wenn es der Ausdruck ehrlicher Liebe zu den Menschen und zum Leben ist. Ich helfe gern, weil ich damit meine Dankbarkeit dafür zeigen kann, dass es mir gut geht. Und wenn sich dann jemand bei mir bedankt, freue ich mich von ganzem Herzen. Aber ob ich helfe oder nicht, mache ich davon bestimmt nicht abhängig.

Wie ich meinen Geburtstag feiere, entscheide ich jedes Jahr neu. Aber dass ich ihn feiere, bin ich mir schuldig.

Es gibt jedes Jahr einen Feiertag, an dem es allein um mich geht. Ich darf mich daran erinnern, dass ich an diesem Tag geboren bin. Ich darf dankbar zurückschauen auf die Jahre, die mir bisher geschenkt wurden. Ich darf Bilanz ziehen, staunen, traurig sein und fröhlich lachen, Pläne schmieden oder von der Zukunft träumen. Ich darf mich freuen über meine Gäste und gute Wünsche.

Manchmal ist die Versuchung groß, meinen Geburtstag unter den Tisch fallen zu lassen: Ich habe so viel zu arbeiten, dass keine Zeit bleibt. Ich habe andere Sorgen, als Geburtstag zu feiern. Mir ist gar nicht mehr nach Feiern zumute. Ich habe meinen Geburtstag fast vergessen. Es ist ein Zeichen von Selbstachtung und Selbstannahme, dass ich meinen Geburtstag feiere. Es ist ein Zeichen dafür, dass ich mir Gutes tue und wünsche. Es macht mir deutlich, dass ich mitten im Leben und zugleich ganz bei mir bin.

CAFE DU TRESOR

Die Rolle des Opfers gefällt mir nicht. Darum will ich vor dem Leben und den Problemen niemals kapitulieren.

Ich hatte mich auf die Wanderung gefreut. Vor Sonnenaufgang ging ich von meinem Urlaubshotel los. Zuerst war es angenehm kühl, und ich kam gut voran. Doch bald wurde es heiß, ich schwitzte und spürte meine Füße. An einem Aussichtspunkt ruhte ich aus und sah in weiter Ferne mein Ziel. Ich überlegte: Diese Hitze! Die Schuhe sind zum Wandern nicht geeignet. Der Rucksack ist schwer. Die Wege sind schlecht. Ob ich lieber mit dem Bus zurückfahre? In Gedanken sah ich mich schon am Schwimmbecken im Hotel.

Viele Menschen haben für alles eine Ausrede: Die Umstände sind ungünstig. Sie haben keinen Titel und keine Beziehungen. Sie haben genug mit ihren eigenen Problemen zu tun. Sie sind zu gut für diese Welt oder hatten eine schwere Kindheit.

Ich will alle Ausreden vergessen. Ich will kein Verlierer sein. Ich werde meine Probleme lösen und dem Leben vertrauen. Ich werde mutig vorangehen, mich über jeden Fortschritt freuen und alles tun, was in meiner Kraft steht. Und meine Wanderung werde ich fortsetzen.

Wenn mich etwas kränkt, ändere ich meine Einstellung. Wenn mich etwas krank macht, ändere ich mein Leben.

Ich bin für mich verantwortlich. Dazu gehört auch, dass ich darauf achte, was mir gut tut und was mir schadet. Oft ist es gar nicht einfach, beides voneinander zu unterscheiden.

Manches kränkt mich, obwohl es mir helfen könnte, mich weiterzuentwickeln. Jemand kritisiert mich, und meine erste Reaktion ist Abwehr. Doch begründete Kritik kann mir manchmal helfen, mich selbst aus einem anderen Blickwinkel zu betrachten. Jemand übersieht mich bei der Begrüßung. Ich bin empört. Aber vielleicht erkenne ich dadurch, dass ich mich selbst klein mache und hinter anderen verstecke.

Manches schadet mir jedoch nachhaltig. Dann ziehe ich Konsequenzen. Wenn mich jemand systematisch klein macht und auch ein deutliches Gespräch nichts daran ändert, breche ich den Kontakt zu ihm ab. Wenn mich die Einsamkeit krank macht, suche ich ohne Wenn und Aber eine gute Gemeinschaft. Wenn mir Alkohol sichtbar schadet, habe ich gestern mein letztes Glas getrunken. Und wenn die Probleme mich niederdrücken, beginne ich heute, sie zu lösen.

Wenn ich gelernt habe, viel zu tun, will ich auch lernen, nichts zu tun.

Ich habe den Eindruck, dass unsere Gesellschaft mehr und mehr in zwei sehr unterschiedliche Teile zerfällt: Da sind diejenigen, die viel zu viel arbeiten und dabei ihre Familie, Freizeit und Gesundheit vernachlässigen. Und es gibt viele, die sich möglichst vor allem drücken, am liebsten gar nichts tun und trotzdem ständig stöhnen.

Ich möchte zu keiner dieser Gruppen gehören. Ich möchte hart arbeiten, aber auch ohne schlechtes Gewissen faulenzen können.

Warum arbeiten die einen zu viel? Weil ihr Selbstwertgefühl von ihrer Leistung abhängt. Weil die Arbeit ihrem Leben Sinn gibt. Weil sie sich ohne Arbeit, Erfolg und Anerkennung unnütz und überflüssig vorkommen.

Auch mal nichts zu tun heißt dann: Ich lerne, dass ich nichts beweisen muss. Ich bin wertvoll und liebenswert, und zwar als Mensch und nicht als Arbeitstier. Ich muss nicht nur kämpfen, sondern darf mich auch vom Leben beschenken lassen.

Ich setze meiner Phantasie keine Grenzen, sonst bekommt meine Seele Platzangst.

Es gibt Grenzen, die ich akzeptieren muss. Ich sorge dafür, dass ich genügend Schlaf bekomme und mich vernünftig ernähre. Ich achte darauf, dass mich niemand klein macht oder verletzt. Ich sehe zu, dass die negativen Gedanken mich nicht beherrschen. Ich lasse mich nicht kaufen und stehe zu meinen Werten und Überzeugungen.

Leider setze ich die Grenzen oft zu eng. Ich traue mir zu wenig zu. Ich schone mich zu sehr. Ich drücke mich vor Veränderungen. Ich bin bequem und benutze meine Grenzen als Ausrede.

Besonders meine Phantasie leidet, wenn ich ihr vorschnell Grenzen setze. „Das ist unmöglich!" verhindert jede Weiterentwicklung. „Das darf ich nicht zulassen!" zerstört jede neue Idee.

Am Anfang steht immer ein Traum. Jede große Erfindung und Neuerung entsteht zuerst in der Phantasie. Sicher – nicht jeder „gute" Gedanke und jede „geniale" Idee lassen sich verwirklichen. Aber ohne Phantasie, gute Gedanken und Ideen gelingt gar nichts.

Ich lache öfter mal über mich selbst, sonst tun es die anderen.

Bei einer kurzfristig einberufenen Sitzung ist jemand dabei, der einen ziemlich sonderbaren Eindruck macht. Sofort ist die Atmosphäre eigenartig gespannt.

Vielleicht ist dieser Mensch überaus unsicher oder ängstlich. Er leidet an mangelndem Selbstwertgefühl. Er tut uns Leid. Oder er ist besonders ehrgeizig, will sich im besten Licht darstellen und wirkt dadurch nur peinlich. Oder er hat Probleme, zu denen er nicht steht – sein Haarausfall, Stottern, seine hohe Stimme, sein Dialekt, sein Hinken. Alle denken: Jetzt nur nichts Falsches sagen. Und vor allem nicht lachen.

Die Situation würde schnell entspannt und gerettet werden, wenn dieser Mensch über sich selbst lachen könnte. Ein kleiner Witz, eine dezente Anspielung auf seine Unsicherheit oder sein Stottern würde genügen. Plötzlich hätte er die Sympathien auf seiner Seite. Und keiner würde hinterher negativ über ihn reden oder gar über ihn lachen.

Wenn es etwas über mich zu lachen gibt, dann will ich wenigstens der Erste sein, der es tut.

Ich lasse mich nicht kaufen. An der Kasse zerbricht mein Rückgrat.

Es gibt vieles im Leben, was ich reizvoll und verlockend fände. Doch bei allem stellt sich die Frage des Preises.

Was ist, wenn ich den begehrten und gut bezahlten Posten nur ausfüllen kann, wenn ich meine Gesundheit gefährde und meine Familie sträflich vernachlässige? Was ist, wenn ich den großen Auftrag nur bekomme, wenn ich wichtige geheime Daten meines Arbeitgebers weitergebe? Was ist, wenn ich nur dann zum Vorsitzenden gewählt werde, wenn ich bewusst einige Informationen verschweige? Was ist, wenn ich nur dann befördert werde, wenn ich die Kollegin anschwärze, die sich auch Hoffnungen auf die Beförderung gemacht hat? Was ist, wenn ich nur dann den großen Schaden von der Versicherung ersetzt bekomme, wenn ich falsche Angaben mache?

Der Preis ist in jedem Fall zu hoch, denn der Preis bin ich – meine Würde, meine Glaubhaftigkeit, mein Selbstwertgefühl, aber auch meine Gesundheit, meine Familie und mein Glück. Lieber verzichte ich auf einiges im Leben, als all das aufs Spiel zu setzen.

Ich lasse mich nicht mit Menschen ein, die über Leichen gehen. Sonst bin ich vielleicht die nächste.

82

Es gibt Menschen, die oft über andere herziehen. Sie sind darin geübt, das merkt man. Geschickt mischen sie Informationen, Gerüchte und Vermutungen. Eigentlich finde ich das ganz interessant und amüsant. Ich höre Negatives über andere, ohne selbst etwas damit zu tun zu haben.
Wirklich nicht? Allein indem ich interessiert zuhöre, gebe ich dem Intriganten ein Betätigungsfeld, eine Bühne. Und wahrscheinlich bin ich sein nächstes Opfer.
Es gibt Menschen, denen auf dem Weg zum Erfolg jedes Mittel recht ist. In Gesellschaft solcher „Erfolgreichen" habe ich das Gefühl, selbst auch erfolgreich zu sein. Wenn ich von ihren Tricks und Gaunereien profitieren kann, meine ich, auf dem Weg nach oben zu sein.
Wirklich? Irgendwann wird mir klar, dass so ein Mensch nicht für mich betrogen oder geschwindelt hat, sondern für sich. So geschickt wie mit anderen wird er auch mit mir umgehen. Und wahrscheinlich bin ich sein nächstes Opfer.
Ich will mein Glück nicht von schlechten Menschen und falschen Freunden erwarten.

Ich halte meine Versprechen. So gewinne ich das Vertrauen meiner Mitmenschen – und mein eigenes.

Um zehn Uhr wollte ich bei ihr sein. Aber dann hatte ich so viel zu tun, dass ich entschied: Auf die halbe Stunde kommt es auch nicht an. Sie wird sich bis dahin schon irgendwie beschäftigen!

Ich hatte ihm versprochen, einige Bücher mitzubringen. Aber dann war ich nicht dazu gekommen, sie herauszusuchen. Ist aber nicht schlimm!

Ich wollte ihn endlich mal wieder einladen. „Ich rufe dich nächste Woche an", sagte ich damals. Doch ich habe mich seitdem nie wieder bei ihm gemeldet. Aber irgendwann bestimmt!

Ich hatte versprochen, nichts weiterzusagen. Aber dann war es mir doch rausgerutscht. Kann ja mal passieren!

Mit jedem Versprechen, das ich nicht halte, verliere ich an Vertrauen. Meine Mitmenschen werden mir nicht mehr alles glauben, und irgendwann gelte ich als unzuverlässig. Und noch schlimmer: Irgendwann glaube ich selbst meinen Versprechen nicht mehr – ist ja nicht so schlimm!

Ich will mir und meinen Mitmenschen das gute Gefühl geben, mir vertrauen zu können.

Zu Beginn des neuen Tages lasse ich meiner Seele Zeit, sich über den Aufgang der Sonne zu freuen.

Immer schneller wird unsere Zeit. Immer mehr Informationen müssen wir verarbeiten. Immer schneller fahren und fliegen wir durch diese Welt. Immer mehr müssen wir dazulernen und verarbeiten.

Wenn wir nicht aufpassen, fliegt das Leben wie ein kurzer Rausch an uns vorbei. Unsere Seele ist nicht geschaffen für ständige Höchstgeschwindigkeit. Wenn sie überfordert wird, leidet sie unter Stress, wird krank und vielleicht auch depressiv. Ein Leben im Flug ist kein Leben.

Meine Seele braucht Zeit, um in der Ferne anzukommen und nach Hause zurückzukehren. Sie braucht Zeit, um sich vorzubereiten und auf Neues einzustellen, um sich zu freuen und Glück zu erfahren.

Ich will zwischen aller Hektik immer auch für Ruhe und Langsamkeit sorgen. Ich will heute Zeit finden, um ohne Druck mit den Kindern spielen zu können. Ich will Zeit finden für einen ausgedehnten Spaziergang oder ein wichtiges Gespräch, einen Blick aus dem Fenster oder ein Dankgebet, einen guten Gedanken und etwas Freude.

Ich will den Frühling nicht verpassen. Es wird so schnell wieder Herbst.

Manchen Abschnitt meines Lebens würde ich gern noch einmal leben. Damals verging die Zeit wie im Flug. Ich konnte sie weder genießen noch richtig verarbeiten.

Ich denke an meine Jugend zurück, die ich gern viel intensiver erlebt hätte. Ich denke an Ausflüge und Reisen, aus denen ich mehr hätte machen können. Ich denke an die Jahre, in denen die Kinder klein waren, an Liebe und Abschied, Arbeit und Urlaub, Feste und Gespräche.

Ich kann das alles nicht wiederholen. Ich will jetzt auch nicht voller Sehnsucht zurückblicken. Ich werde vielmehr dafür sorgen, dass ich heute intensiv lebe, dass ich die Zeit nutze und mich meines Lebens freue. Jeden Tag will ich als wunderbares Geschenk annehmen. Jedes Gespräch will ich als Möglichkeit sehen, uns füreinander zu öffnen und als Menschen zu begegnen. Und den nächsten Frühling will ich so intensiv erleben und genießen wie noch keinen zuvor!

Wenn die Gelegenheit kommt, die ich so lange herbeigesehnt habe – dann laufe ich nicht weg.

Die Zeit seines ersten Jugendschwarms liegt lange zurück. Damals hatte Peter nächtelang von ihr geträumt. Er schrieb ihr glühende Liebesbriefe und lebte von den Augenblicken, in denen sie ihm schüchtern von weitem zulächelte.

Eines Tages schrieb sie zurück und schlug vor, sich Samstag im Park zu treffen. Peter jubelte auf. Endlich! Doch bis Samstag tat er nachts kein Auge zu. Er wurde von Tag zu Tag nervöser, stellte sich ihr Treffen im Park vor und bekam immer mehr Angst. Samstag war er froh, dass er im Bett liegen musste. Schüttelfrost!

Viele Menschen verhalten sich wie Peter. Wenn die Möglichkeit da ist, auf die sie lange gewartet haben, trauen sie sich nicht. Die Tür zum Glück ist geöffnet, aber sie gehen ängstlich daran vorbei.

Was kann mir schon passieren? Wovor habe ich Angst? Das Schlimmste wäre doch, es gar nicht zu probieren. Dann würde ich zu einem passiven Zuschauer des Lebens, einem ängstlichen Zauderer oder unglücklichen Nörgler.

Ich werde mich trauen. Und von Mal zu Mal fällt es mir leichter.

Statt verpassten Möglichkeiten nachzutrauern, halte ich Ausschau nach neuen.

In der Bibel wird berichtet, wie die Städte Sodom und Gomorra zerstört wurden. Nur Lot und seine Familie konnten rechtzeitig die Stadt Sodom verlassen. Ein Engel rief ihnen zu: Lauft schnell und dreht euch nicht um! Die Frau von Lot jedoch konnte ihren Blick nicht von der brennenden Heimat lassen. Sie drehte sich um und erstarrte zur Salzsäule.

Ich kenne viele Salzsäulen. Menschen können ihren Blick nicht von der Vergangenheit abwenden. Sie trauern dem nach, was einmal gewesen ist. Sie können es nicht überwinden, dass ihnen etwas misslungen ist. Sie klagen über Versäumnisse und Fehler. Sie schauen wie gebannt auf das, was sie verloren haben. Ihr Blick ist traurig und negativ.

Ich will mich nicht um die Zukunft betrügen. Ich will nicht zur Salzsäule erstarren, unfähig weiterzugehen und neue Herausforderungen anzunehmen. Ich schaue nach vorn und freue mich auf unendlich viele gute Möglichkeiten zu leben.

Ich mache keine Scherze auf Kosten anderer. Denn bezahlen müssten wir beide.

Menschen, die sich über andere lustig machen, mögen sich dadurch groß fühlen. Wahrscheinlich brauchen sie das. Denn ihnen fehlt ein gesundes Selbstwertgefühl, ihnen fehlt Größe. Groß sind jene, die über sich selbst lachen können und die Würde ihrer Mitmenschen achten.

Wenn ich Scherze auf Kosten anderer mache, meine ich, die Lacher auf meiner Seite zu haben. Doch auf die kann ich mich nicht verlassen. Die Lacher können morgen auch über mich lachen. Sie sind leicht zu beeinflussen. Und sie spüren instinktiv, dass es sich nicht lohnt, zu mir zu stehen: Schließlich mache ich mich über andere lustig!

Was ist mit den Opfern meiner „Scherze"? Ich muss damit rechnen, dass sie sich auf ihre Art an mir rächen. Ich muss befürchten, dass sie es mir heimzahlen. Und so hätte ich bald eine unüberschaubare Zahl von Feinden.

Ich will über mich selbst lachen können. Ich will fröhlich und lustig sein. Ich will Kritik üben, wenn ich es für nötig halte. Aber ich will andere niemals abwerten oder auslachen.

Wenn ich mir die Suppe selbst eingebrockt habe, will ich sie mir wenigstens schmecken lassen.

Ich mache Fehler. Doch wie jeder kann ich aus meinen Fehler lernen und versuchen, es beim nächsten Mal besser zu machen. So gesehen darf ich für manche Fehler sogar dankbar sein.
Jedoch gibt es Fehler, die ich nicht einfach abhaken kann: Ich habe Vertrauen zerstört. Ich habe etwas verdorben, angerichtet, durcheinandergebracht. Ich habe einen wichtigen Termin versäumt oder großen finanziellen Schaden angerichtet.
Jetzt muss ich den Fehler wieder gutmachen. Ich muss die Trümmer aufräumen, etwas wieder in Ordnung bringen, den Schaden bezahlen, mich entschuldigen, um neues Vertrauen bitten. Eine schwere Zeit liegt vor mir.
Ist sie wirklich nur schwer? Sie kann auch Mut machen, befreien, befriedigen. Ich kann die „Aufräumarbeiten" als große Möglichkeit sehen. Ich kann dankbar sein, dass etwas Neues wächst, dass ich nicht aufgebe oder mich leichtfertig aus dem Staub mache, dass ich an mir arbeite und zuverlässig bin.
Und vielleicht kann es sogar eine fröhliche, beglückende Zeit werden.

Ich spiele oft und gern mit kleinen Kindern. Sie holen mich vom hohen Ross herunter.

Erwachsene verhalten sich untereinander oft sehr sonderbar. Sie behandeln sich von oben herab und glauben, etwas Besseres zu sein. Sie versuchen, die anderen zu überlisten. Sie reden miteinander und sagen doch nichts. Sie lächeln freundlich und sind voller Rachegelüste. Sie unterhalten sich und sitzen dabei stundenlang unbeweglich auf ihren Stühlen. Sie erzählen vom Leben und meinen nur ihre Arbeit oder ihre Probleme, ihre Erfolge oder Krankheiten.

Wenn ich mit Kindern spiele, spüre ich schnell, wie ich mich verändere – oder wie die Kinder mich verändern! Sie lassen es nicht zu, dass ich sie von oben herab behandle. Sie holen mich von meinem Stuhl herunter, und plötzlich krieche ich mit ihnen auf dem Fußboden. Sie sagen mir alles, was sie auf dem Herzen haben, und wenn sie sich über mich ärgern, spüre ich es sofort. Manchmal kommen sie und nehmen mich in den Arm. Und sie schenken mir das Bild, das sie gerade mit Begeisterung gemalt haben.

Kinder holen mich in wunderbarer Weise zurück ins Leben.

Ich sorge dafür, dass ich mich zu Hause wohl fühle. Sonst wird jeder Urlaub zur Flucht.

Zu Hause, das bedeutet für viele: Immer guckt mich Arbeit an – unbezahlte Rechnungen oder schmutziges Geschirr. Um die Reparatur des Fensters drücke ich mich schon lange herum, und die Tapete daneben beginnt zu schimmeln. Meine Schränke sind vollgestopft mit allem möglichen Plunder. An den Wänden hängen Bilder, die ich nicht mag. Und unter der Decke schweben unangenehme Erinnerungen.

So kann meine Wohnung nicht zu der Oase werden, die ich brauche: Ein Ort des Friedens in einer hektischen, oft friedlosen Welt. Ein Ort der Schönheit und des Wohlbefindens. Ein Ort, zu dem ich immer gern zurückkehre.

Ich will meine Wohnung so gestalten, dass sie diese Oase werden kann. Ich will die Bilder auswechseln und Ordnung schaffen. Ich will alle anfallenden Aufgaben sofort erledigen. Ich will für eine lebendige, angenehme Atmosphäre sorgen.

Dann werde ich aus dem Urlaub zurückkehren, erholt und voller neuer Eindrücke, und mich auf mein Zuhause freuen.

Ich will mich für die Liebe öffnen – sonst gehe ich an meiner eigenen Enge zugrunde.

Es ist wichtig, dass ich mir regelmäßig Zeit für mich selbst nehme. Ich brauche es, mich und meine Bedürfnisse kennen zu lernen und mir Gutes zu tun. Ich brauche Zeit und Stille, um auf meine Seele hören zu können. Ich brauche meine Zuwendung, brauche Erholung und gute Herausforderungen.

Doch nur mit mir allein bleibt meine Welt klein und eng. Wenn ich ständig an mein Glück und meinen Vorteil denke, bin ich bald in mir selbst gefangen. Wenn ich nur mich sehe, besteht meine Welt nur aus mir.

Meine kleine enge Welt kann nur größer werden, wenn ich mich für meine Mitmenschen öffne, für das Miteinander, die Freundschaft und die Liebe. Durch jeden Menschen, dem ich mich liebevoll zuwende, werden die Grenzen meiner Welt hinausgeschoben. Durch jedes ehrliche Gespräch wird meine Enge gesprengt. Und immer wenn mir am Wohl des anderen liegt und ich ihm Gutes wünsche, gewinne ich neuen Raum zum Leben.

Ich sage meinen Mitmenschen, was ich an ihnen schätze. Und ich gebe den Blumen in meiner Wohnung regelmäßig frisches Wasser.

Meine Kinder leben nicht davon, dass ich sie kritisiere, sondern davon, dass ich sie liebe. Und sie lernen nicht zuerst durch Tadel und Strafe, sondern durch Lob und Ermutigung. Ich gebe mir Mühe, danach zu handeln.

Das betrifft jedoch nicht nur meine Kinder. Alle Menschen brauchen Lob. Aber wenn ich ehrlich bin, kritisiere ich oft und lobe selten. Ich ärgere mich über Unpünktlichkeit, rege mich über schlechten Service auf, zeige deutlich meine Enttäuschung, erinnere an alte Fehler und klage über mangelnde Hilfsbereitschaft.

Alle Menschen brauchen Lob und Ermutigung, so wie die Blumen Sonne und Wasser brauchen. Das ist nicht meine Aufgabe? Aber doch! Jeder braucht es, und jeder kann es geben.

Also: Wenn ich mich über einen Menschen freue, sage ich es ihm. Wenn ich jemandem dankbar bin, drücke ich meinen Dank aus. Wenn ich zufrieden bin, werde ich es sagen. Wenn ich jemanden schätze, zeige ich es ihm. Und wenn jemand seine Aufgabe gut gemacht hat, werde ich ihn dafür loben.

Wenn ich mich in mein Schneckenhaus verkrieche, kann und will ich anderen nichts vom Leben erzählen.

Erzählt wird viel. Gelogen auch. Es wird geschönt und übertrieben. Die Freundin erzählt jedem, wie gut sie Familie und Arbeit miteinander vereinbaren kann. Von ihren Schlaf- und Rückenproblemen erwähnt sie nichts. Der Chef betont, dass er zu Hause alles im Griff hat. Dabei ist seine Frau mit den Kindern dort längst ausgezogen.

Andere hören zu und staunen, wie diese Frau das alles schafft und was für ein fürsorglicher Vater dieser Mann ist. Sie hören zu, und wenn sie es glauben, zweifeln sie an sich selbst.

Geredet wird viel, vom Leben und von Sex, von Abenteuern und großen Siegen, von Erfolgen und tiefem Verständnis. Doch oft ist es nur leeres Gerede. Oft sind es nur Berichte aus zweiter Hand. Oft sind es nur Wunschträume oder Phantasien.

Ich will gern von mir erzählen, wie ich lebe, dass ich mich traue und warum ich ein Risiko eingehe. Aber vorher will ich leben, mich trauen und ein Risiko eingehen. Und die vielen aufgeblasenen, leeren Geschichten sollen andere erzählen!

Ich will das Leben genießen. Aber ich höre auf, Genuss immer sofort zu erwarten.

Lange Jahre bildeten echte Genießer bei uns nur eine kleine Minderheit. Genuss galt als unmoralisch oder arrogant. Fleiß, Gehorsam und Bescheidenheit hatten ein deutliches höheres Ansehen.

Dann wurde Genuss salonfähig. Man löffelte öffentlich Kaviar oder machte Luxusurlaub an südlichen Stränden. Man gab das Geld mit vollen Händen aus, das man noch gar nicht verdient hatte. Immer schneller mussten Bedürfnisse oder Träume befriedigt werden. „Ich will Genuss sofort!" wurde zum Schlagwort einer genusssüchtigen Generation. Immer weniger waren normale Dinge und Ereignisse auszuhalten.

Ich will das Leben genießen, aber nicht so, wie andere es mir „beibringen" wollen. Ich will mir beim Genießen Zeit lassen. Ich will warten können. Ich will mich nicht ständig immer stärkeren Reizen aussetzen. Ich will nicht allem hinterherlaufen.

Und ich stelle immer häufiger fest, dass ich die kleinen, einfachen Dinge am intensivsten genießen kann.

Wenn ich nein sagen will, sage ich einfach nein.

Warum traue ich mich oft nicht, nein zu sagen? Habe ich Angst, an Achtung und Zuneigung zu verlieren? Fürchte ich, dass mich der Nachbar weniger schätzt, wenn ich seine Bitte ablehne? Meine ich, bei meiner Freundin nicht mehr als liebenswert zu gelten, wenn ich sie nicht zum Flughafen fahre? So mache ich unsinnige Zusagen und helfe nicht nur, wo ich kann, sondern auch da, wo ich eigentlich nicht kann. Immer seltener entscheide ich selbst, was ich will. Und immer häufiger bin ich unzufrieden und leide unter Stress. Meine Selbstachtung ist dabei nicht gestiegen, sondern abgestürzt.

Zu einem positiven Selbstwertgefühl gehört, dass ich meine Entscheidungen selbst treffe. Wenn ich ja sagen will, sage ich gern ja. Und wenn ich nein sagen will, sage ich klar und eindeutig nein.

Und was denken die anderen von mir? Viele von ihnen werden bald feststellen, dass ich mich geändert habe und glücklicher und selbstbewusster geworden bin. Sie werden mich dafür schätzen. Und die anderen? Die kann ich auch nicht ändern!

Ich bin bereit, meine Meinung zu ändern. Nur die Phantasielosen sind unverbesserlich.

Für viele gilt es noch als hohes Ideal: Wenn ich mich einmal für etwas entschieden habe, kann mich nichts mehr umstimmen! Wenn ich einen Weg einmal begonnen habe, gehe ich ihn bis zum Ende. Und wenn ich einmal eine Meinung gefasst habe, kann mich niemand mehr davon abbringen.

Ich will mein Leben lang bereit sein dazuzulernen. Ich will meine Meinung ändern, wenn ich eines Besseren belehrt werde. Ich will umkehren, wenn sich mein Weg als Sackgasse herausgestellt hat.

Dadurch werde ich unglaubwürdig? Im Gegenteil! Ich zeige, dass ich nicht rechthaberisch bin. Ich mache deutlich, dass ich beweglich bin. Ich werde als Gesprächspartner interessant, weil ich nicht nur reden kann, sondern auch zuhören. Ich werde glaubwürdig, weil ich mich gegenüber neuen Argumenten nicht verschließe.

Ich werde mein Fähnlein nicht nach dem Wind richten. Aber ich habe akzeptiert, dass ich nicht alles wissen kann. Ich hoffe, mich immer wieder zu verändern. Und ich bin bereit, daraus die Konsequenzen zu ziehen.

Ich bin begeistert von dem, was ich tue. Und wenn nicht, dann tue ich Dinge, von denen ich begeistert bin.

Das Leben ist zu schade, um es mit langweiligen Dingen zu verbringen. Und ich bin auf Dauer dazu nicht bereit.

Langweilt mich meine Arbeit, weil ich davon zu wenig verstehe? Dann will ich dazulernen, um ein wirklicher Profi zu werden. Langweilt mich die Arbeit in meinem Garten? Dann werde ich mich zu einer Rosenliebhaberin entwickeln oder zu einem Kräuterspezialisten. Langweilt mich das Bügeln? Dann werde ich zur besten Büglerin in der ganzen Stadt werden. Ich werde feststellen, dass es vor allem an mir selbst liegt, ob ich begeistert bin.

Und wenn es mir nicht gelingt? Dann mag es Fälle geben, in denen ich mich von einer Sache verabschieden muss. Vielleicht werde ich mir eine andere Arbeit suchen, von der ich dann wirklich begeistert bin. Vielleicht lasse ich meinen Garten verwildern und beginne statt dessen zu malen oder zu musizieren. Vielleicht gebe ich meine Wäsche zum Bügeln in die Wäscherei und koche in der gewonnenen Zeit die leckersten Gerichte der Welt.

Wenn ich durch den Dreck gehe, werde ich mich nicht über schmutzige Schuhe wundern.

Ich habe manches getan und erlebt, worauf ich nicht stolz bin. Ich habe „die Wahrheit verdreht" und „mich bedient", mich an Intrigen beteiligt und Hilfe verweigert. Manches davon würde ich nachträglich gern ungeschehen machen.

Ich suche nicht das Böse, das Negative, ganz bestimmt nicht! Aber ich gebe ihm immer wieder einmal nach. Ich weiß das. Ich stelle fest, dass der Kampf Gut gegen Böse nicht nur in der großen Politik oder der Wirtschaft, nicht nur irgendwo weit weg tobt, sondern auch in mir. Ich habe keine weiße Weste mehr. Ich stehe dazu und versuche nicht, es schönzureden. Mein Unschuldswahn, den ich früher vielleicht einmal hatte, ist geheilt.

Aber Schmutz und Böses sind wie Viren oder Bakterien, die mich krank machen und meine Seele zerstören können. Ich will mir nicht einreden, dagegen gefeit zu sein. Ich brauche „Vitamine", die mich vor schlimmen Folgen bewahren können: Selbstkritik, Liebe und Vergebung.

Irgendwann ist niemals. Ich will heute leben, statt mein Leben in eine ferne Zukunft zu schieben.

Immer wieder erzählte er von seinen Plänen. Wenn er erst im Ruhestand wäre, würde er mit seiner Frau eine große Weltreise machen. Und sie hätten endlich Zeit für ihre Freunde. Manchmal würde er selbst in der Küche stehen und leckere Gerichte zubereiten. Abends würden sie oft am Kamin sitzen, bei guten Gesprächen und einem Glas Wein. Und sie würden mit den Enkelkindern spielen und ihnen im Garten eine Schaukel bauen.

Es waren wundervolle Zukunftspläne. Bisher war dafür keine Zeit. Da musste er hart arbeiten, um sich das später alles leisten zu können. Doch es kam ganz anders! Zehn Tage nach seiner Pensionierung kam er ins Krankenhaus, und als er nach Hause zurückkehrte, war er ein Pflegefall. In den letzten sechs Monaten, die er noch lebte, konnte er keinen seiner Träume verwirklichen.

Heute will ich leben. Heute will ich Träume verwirklichen. Heute will ich mir Zeit nehmen für meine Familie und Freunde. Heute will ich sehen, wo ich gebraucht werde oder wo das Glück auf mich wartet.